L'heure du marché

PRATIQUES THÉORIQUES

COLLECTION DIRIGÉE PAR
ÉTIENNE BALIBAR ET DOMINIQUE LECOURT

L'heure
du marché
Critique du libéralisme

SUZANNE DE BRUNHOFF

Presses Universitaires de France

DU MÊME AUTEUR

Capitalisme financier public, Paris, SEDES, 1965.

La monnaie chez Marx, Paris, Editions Sociales, 1re éd., 1967.

L'offre de monnaie (critique d'un concept), Paris, F. Maspero, 1re éd., 1971.

La politique monétaire, un essai d'interprétation marxiste, en collaboration avec P. Bruini, PUF, coll. « Sup », 1re éd., 1973.

Etat et Capital, Paris, F. Maspero, 1re éd., 1976.

Les rapports d'argent, Paris, F. Maspero, 1979.

ISBN 2 13 039481 7
ISSN 0753-6216

Dépôt légal — 1re édition : 1986, mars

© Presses Universitaires de France, 1986
108, boulevard Saint-Germain, 75006 Paris

SOMMAIRE

Introduction générale   7

Chapitre Premier. — *Le marché sans crise ?*   17

   1. La période keynésienne   19
   2. Les nouveaux courants libéraux   26
   3. Théories du marché sans crises   30
   4. Crises capitalistes et marchés instables 37
     a/ Le travail   41
     b/ La monnaie   44

Chapitre II. — *Etat-Providence et corporatisme*   47

 I/ Que signifie la «crise de l'Etat-Providence» ?   50
   1. Le budget et les travailleurs   50
   2. Hier et aujourd'hui   56

II/ Que signifie la critique des «corporatismes» ?   62
   1. Salariat et corporatisme   63
   2. Chômage de crise et division ouvrière   68
   3. Assistés et dominés   80

Chapitre III. — *Les contradictions de la monnaie*   91

 I/ Le monétarisme sans monnaie   92
   1. L'équation quantitative   92
   2. La monnaie comme étalon des prix - Le problème du taux d'intérêt   96
   3. La multiplicité des monnaies nationales - Le problème du taux de change   101
   4. Faiblesse du monétarisme   109

II/ Monnaies et centralisation conflictuelle   111
   1. La domination du dollar   112
   2. Monnaie unique et «prêteur en dernière instance»   118

Chapitre IV. — *Crédit et capital financier*   125

I/   Du capital «réel» au capital financier   126
     1. La tradition orthodoxe   126
     2. La tradition de Marx et Hilferding   129
     3. Crédit et taux d'intérêt   135

II/ Les banques, le Tiers Monde et l'esquisse d'un New Deal financier   137

Chapitre V. — *Quelques remarques sur la politique économique*   143

     1. «Déréglementation» et «dénationalisation»   144
     2. La politique industrielle   145
     3. Politiques financière et monétaire   148
        a/ Le déficit budgétaire   148
        b/ La politique monétaire restrictive   151
     4. Nouvelles interventions de l'Etat   153

Introduction générale

L'image de l'entrepreneur, qui prend des risques pour gagner des marchés, brille aujourd'hui sous diverses formes, toutes séduisantes. Celle de la petite entreprise performante qui exporte ses produits dans le monde entier. Celle du professionnel (dit «le pro»), qui obtient le meilleur rapport entre la qualité et le prix de ses services. Pourvu que le marché soit libre de toute entrave bureaucratique ou à l'abri de chocs inattendus, il met chacun à sa place selon son comportement économique. L'économiste Hicks disait que tout individu devrait être considéré comme une petite banque, capable de gérer au mieux ses finances. Selon le dogme néo-libéral, hérité de Say[1] et de Walras[2], le marché efficient est au cœur de la régulation économique. Comme si chacun, quelle que soit sa place dans la division sociale du travail, était censé se comporter comme un agent (micro)-économique, responsable de ses gains et de ses pertes, par rapport aux prix d'équilibre du marché.

Au début des années 1980, alors que la première grande crise mondiale depuis la Grande Dépression des années 1930 affecte profondément la production industrielle, l'investissement et l'emploi, ce dogme, ces images sont au premier plan de l'idéologie économique. Ils accompagnent la reprise américaine, qui a succédé en 1983 à

1. Economiste français du début du XIXe siècle, auteur d'une «loi des débouchés» qui sera étudiée plus loin.
2. Economiste du milieu du XIXe siècle, auteur d'un modèle d'équilibre général des marchés.

7

deux années noires. Ils sont propagés partout. On ne voit rien qui ressemble à l'émergence conjointe de la macro-économie et de la politique économique, entre les deux guerres mondiales, quand les idées de Keynes sont devenues le courant de pensée dominant. Rien non plus qui s'articule autour de l'objectif stratégique du plein emploi, communément admis après 1945. Quand l'économiste américain Thurow présente l'état des conceptions économiques en 1983, il montre que des «courants dangereux» (l'idéologie du marché et le dogme du «laissez-faire») entraînent à la dérive la pensée et la pratique. C'est, dit-il, un retour au passé analogue au fondamentalisme qu'on observe dans la religion[3].

Les faits qui démentent l'efficience du marché n'atteignent pas plus l'idéologie dominante que les misères en ce bas monde n'amènent les croyants à mettre en doute la bonté divine. La crise économique est conçue comme un déséquilibre passager, dont la responsabilité incombe à ce qui perturbe les ajustements naturels des marchés. Augmentation du prix du pétrole, en 1973 et 1979, excès permanent des dépenses sociales de l'Etat, hausse trop forte des salaires sont désignés comme fauteurs de troubles : sources d'inflation (hausse des prix), obstacles au profit et donc à l'investissement? A cela on peut objecter que *les choses ne se sont pas passées ainsi*. Aux Etats-Unis, première puissance du monde occidental, la baisse des profits des entreprises avait commencé dès la seconde moitié des années 1960. Quant aux salaires «réels»[4], ils ont cessé d'augmenter au début des années 1970. Par contre, il est vrai que les dépenses publiques, en pourcentage du produit national, ont augmenté au cours de la période. L'Etat serait-il donc le premier responsable des déséquilibres économiques? Mais la part de ses dépenses a continué à croître (d'environ 37 % à 42 %) pendant les quatre années de la première présidence de Reagan, sans empêcher ni la crise de 1981-1982, ni la reprise de 1983-1984. Il est difficile de faire des dépenses publiques le bouc émissaire des turbulences économiques.

Ces faits sont pris en compte par les économistes fidèles aux idées keynésiennes ou à la pensée de Marx. Ils n'entament pas cependant la foi des idéologues du marché, ni l'influence prépondérante de ceux-ci. Mais même si elle a peu d'audience en ce moment,

3. L. Thurow, *Dangerous Currents, The state of economics,* Pantheon Books, New York, 1983, p. 4.
4. C'est-à-dire au salaire nominal, versé en argent, dollars ou francs, déflaté de la hausse des prix.

l'analyse critique des dogmes libéraux doit être poursuivie. En essayant de se situer elle-même par rapport à ce que l'auteur qui s'y engage perçoit aujourd'hui des pratiques sociales effectives.

Au premier abord, ceux qui ne *croient* pas en la régulation par le marché hésitent. La crise semble être une sorte de trou noir, où s'est englouti l'ancien état du monde et d'où commence à émerger quelque chose qui n'a pas encore de nom. Les informations ne manquent pourtant pas. On peut énumérer les nouveaux titres d'une sorte de collection «Que Sais-je?» : électronique, robots, communication, eurodollar, écu... Ou les chapitres d'un traité de géopolitique : de la mer Méditerranée à la zone Pacifique... Mais une somme d'informations, en admettant que celles-ci reflètent quelque réalité, ne donne pas les moyens d'analyser un ensemble de relations sociales. Ni ceux de concevoir une alternative pratique, une «sortie de crise», différentes des solutions conservatrices préconisées par l'Administration américaine du président Reagan ou le gouvernement britannique de Mme Thatcher, ou par leurs émules français.

Pour nourrir l'idée d'une alternative, ont fait défaut, pendant la crise américaine de 1981-1982, les grands mouvements sociaux qui se produisirent pendant les années 1930 et furent un des supports de l'avènement du New Deal de Roosevelt (jusqu'en 1937), et de la diffusion d'un réformisme se réclamant de Keynes. Aux Etats-Unis, en 1982, pas de marche de la faim des millions de chômeurs; pas de grandes grèves ouvrières affrontant la répression; pas de bataille pour l'implantation de nouveaux syndicats. La résignation des chômeurs faisant la queue pour la soupe populaire, celle des travailleurs acceptant une diminution de leur salaire nominal pour sauver leur entreprise et leur emploi, sont données en exemple : n'ont-elles pas contribué à la reprise économique, notamment dans le secteur automobile atteint de plein fouet pendant les années noires? On oublie que sans le protectionnisme (limitation de l'entrée des voitures japonaises) et les prêts à bon marché de l'Etat américain, la mauvaise passe aurait pu conduire à la débâcle. Reste que le mouvement ouvrier a subi la crise sans révoltes notoires.

En Europe, des luttes importantes ont eu lieu. Celle des métallurgistes allemands, au printemps 1984, pour la semaine de 35 heures sans réduction de salaires et qui s'est terminée par un compromis (semaine de 38 heures 30). La longue grève des mineurs de charbon anglais contre la fermeture de puits «non rentables», entreprise en mars 1984 et largement majoritaire pendant 11 mois, mais finalement défaite. Ce mouvement a le plus souvent été décrit comme un sursaut de la vieille classe ouvrière condamnée par la IIIe révolution industrielle, une sorte de baroud d'honneur. Les grévistes allemands pouvaient s'en tirer grâce à la puissance de la métallurgie dans leur pays. Les grévistes anglais étaient animés par un esprit de classe traditionnellement plus fort qu'ailleurs. Aucune alternative réformiste *générale*, inspirée ou soutenue par de forts mouvements ouvriers, n'a pu être inspirée par ces luttes. L'objectif de plein emploi n'a pas refait surface.

En poursuivant ce premier tour d'horizon, on voit apparaître d'autres points sensibles. Pour nourrir une idéologie de masse, l'obéissance aux règles du marché n'est pas suffisante. Elle a besoin d'un complément qui apporte quelque chaleur à la vie quotidienne des individus. Un nouveau nationalisme remplit en partie cette fonction. L'Etat mobilise les énergies des citoyens au nom de «la guerre économique» dans laquelle le pays doit faire bonne figure sous peine de perdre sa place dans les premiers rangs des nations développées. Son rôle peut être perçu de deux façons[5]. Il doit aider à soigner les blessés de la guerre économique, chômeurs des régions industrielles sinistrées, pauvres à la soupe populaire, jeunes laissés pour compte. A l'autre bout de l'échelle, il doit participer au renforcement des plus forts, dans le domaine de la technique, des ventes à l'étranger, de l'obtention de commandes, du financement; contre les concurrents étrangers, tous les citoyens du pays sont appelés à soutenir ceux qui se battent sur le marché mondial.

Cependant, ces deux aspects de l'intervention de l'Etat ne sont pas du même ordre. Le second donne la place principale à une régulation de l'activité économique par les marchés internationaux. L'assistance aux faibles et aux vaincus prend le caractère d'une aide sociale dont le financement dépend en partie des résultats de la «guerre économique» menée par les entreprises. Pour faire admettre ce nouveau dispositif, résurgence des orientations libérales du XIXe siècle, il faut que le nationalisme l'emporte sur tout autre ciment idéologique; nationalisme qui peut parfois avoir les frontières de l'Occident développé, où la revendication de liberté écrase celles d'égalité et de justice sociale. Comment comprendre autrement que le fils d'ouvrier, jeune chômeur confiné en banlieue, accepte de n'avoir pas d'avenir, pourvu qu'il soit libre d'acheter un «walkman» ou une moto, signes d'appartenance au monde d'IBM et de Honda, en même temps qu'à celui des allocations distribuées dans le pays. La petite délinquance comme forme de révolte, s'inscrit dans les mêmes règles du jeu.

5. Cf. Ch. A. Michalet, dans *Les multinationales en mutation,* éd. par A. Cotta et M. Gherkman, Paris 1983, pp. 81-82.

L'objectif de plein emploi ayant été abandonné, il faut accréditer l'idée qu'il y a trop d'hommes, trop de bras, des effectifs surnuméraires dans la production pour le marché. Une «surpopulation absolue» de travailleurs dirait Marx. En l'absence d'une grande guerre qui servirait de régulateur démographique, et sans camps de concentration, comment gérer les personnels excédentaires? L'appel à la patience ne suffit pas. Il faut que les chômeurs, pour accepter les aléas de l'économie de marché à laquelle est identifiée la liberté d'entreprendre, croient en la supériorité du mode de vie occidental tel qu'il a cours dans leur pays. En France, on fait une grande consommation de modèles économiques étrangers. Au début des années 1980, tous sont occidentaux; l'accumulation des déceptions concernant l'Union soviétique et les pays de l'Est, les informations sur la manière dont évolue la Chine populaire, bloquent la recherche d'une société alternative. On fait grand cas du modèle américain (souplesse de l'emploi, grande dimension du marché), du modèle allemand (exportations d'équipement, discipline au travail), cependant un peu défraîchi, et du modèle japonais (excellente tenue sur le marché mondial, austérité acceptée par les travailleurs, sage gestion de l'emploi). Il y a aussi, de façon fragmentaire, le modèle italien («small is beautiful») des petites entreprises qui se débrouillent, quitte à employer des travailleurs «au noir»; et puis, «l'assainissement anglais», dont cependant la brutalité fait peur.

La façon dont les meilleurs experts présentent les choses, dans la presse ou à la télévision, est séduisante. En ce qui concerne l'emploi, selon Michel Albert[6] le modèle japonais serait le meilleur. Alors que dans les pays industriels européens «on a sacrifié les jeunes, les femmes, les immigrés qui forment aujourd'hui les gros bataillons du chômage», au Japon «l'emploi a été protégé. On a développé l'emploi à vie dans les grandes entreprises, en échange de quoi les salaires étaient modulés par un système de primes variables... Le Japon a dit : je protège les biens de la famille, c'est-à-dire les bilans des entreprises. Je garde les gens et je baisse les salaires pour passer à l'offensive». L'ennui, c'est que cette information est partielle; ne parlons que des femmes, très nombreuses dans l'industrie : à compétence et à durée de travail égales, elles ont des salaires moitié moins élevés que ceux des hommes[7]; en outre, elles ne peuvent travailler

6. Entretien dans le journal *Libération*, Paris, 23 octobre 1983, sous le titre «A faire l'autruche l'Europe se condamne au déclin».
7. Cf. «Le Japon, la femme et l'ONU», de R.-P. Paringaux, *Le Monde,* 7 avril 1984.

11

que si elles sont très jeunes ou si elles ont fini d'élever leurs enfants. Si l'information était complète, des taches noires gâteraient le modèle présenté aux travailleuses françaises, sans compter bien d'autres éléments [8].

De retour en Europe, voici «l'image grossie de notre époque» quc nous renvoie la Grande-Bretagne, selon René Dabernat [9]. «L'Angleterre détient, en 1983, le ruban bleu de la croissance européenne avec un peu plus de 2 %, contre 0,7 % en Allemagne, 0,2 % en Italie et 0 % en France. Certes, on connaît le dramatique envers du tableau : environ 3 millions de chômeurs, presque 14 % de la population active, soit le record du Marché commun. Cependant, la croissance obtenue est saine, non artificielle». Cela veut dire que l'inflation a fortement diminué (5 % de hausse des prix au lieu de 21 % en 1980), et que le «passage commence à se faire, d'une économie rigide, employant des effectifs en surnombre et accumulant les déficits, à une économie mobile avec une main-d'œuvre réorientée vers les activités de l'avenir». Ici se pose un premier problème, qui n'est pas abordé par R. Dabernat. S'il est vrai qu'au cours des dernières années l'Angleterre a perdu un quart de son activité industrielle, est-ce une évolution positive ? ou du moins inéluctable ?

Cependant le prix humain à payer, très lourd, «n'aurait pu être accepté sans le système de protection sociale hérité des travaillistes», précise R. Dabernat. Celui-ci pense que la ligne directrice qui s'affirme en matière économique n'est pas encore claire au plan social. Certains des conseillers de Mme Thatcher «souhaitent une revanche écrasante des entrepreneurs et des possédants sur la société issue de la révolution pacifique de 1945-1951. Pour d'autres ce serait sous-estimer l'attachement populaire aux grands acquis de l'après-guerre et notamment la nécessité d'une bonne protection sociale au moment où le pays s'engage dans l'industrie du XXIe siècle». Il semble cependant que les deux lignes cohabitent dans la pratique. Revanche de classe contre les ouvriers organisés, maintien des diverses allocations, *réduites mais non supprimées*. L'idée d'assistance publique n'a jamais été totalement absente de la protection sociale «à l'anglaise». Mais il n'y a plus ni «droits» ni «acquis» du point de vue conservateur. La revanche de classe affecte les modalités de la protection sociale, en écrasant la dignité des salariés. Ceux-ci étaient considérés par Keynes comme une composante

8. Cf. A. Lipietz, dans *L'audace ou l'enlisement,* éd. La Découverte, 1984, p. 280.
9. Dans *Le Monde,* article intitulé «Le choix anglais», 21 octobre 1983.

décisive de l'activité (macro)-économique nationale : ajoutée aux dépenses publiques et aux investissements privés, leur consommation soutenait la demande, contre les risques de surproduction. Les allocations aux chômeurs avaient aussi une fonction (macro)-économique et ne relevaient plus de la seule assistance[10]. La crise de légitimité de l'Etat-Providence, dont il est si souvent question aujourd'hui n'est pas seulement affaire de coût financier : elle prend racine dans une crise d'identité de la classe ouvrière. Dans le discours dominant, ce ne sont même plus les «classes laborieuses, classes dangereuses» du XIXe siècle, ou de la première moitié du XXe siècle. Les ouvriers salariés ayant perdu l'importance économique qu'ils avaient acquise, ne retrouvent pas pour autant le pouvoir subversif du prolétariat décrit par Marx.

Ces «adieux au prolétariat» ont cependant été déjà faits si souvent et en tant de lieux que l'on est surpris de découvrir des travailleuses mal payées dans la Silicon Valley (Etats-Unis), qui fut pendant quelques années la vitrine de l'industrie du XXIe siècle, ou d'apprendre que Liverpool (Angleterre) est une ville blessée à mort par le chômage. Et que de jeunes ouvrières japonaises ou sud-coréennes travaillent plus de 60 heures par semaine et logent dans les dortoirs de l'usine. Génération sacrifiée à l'accumulation intensive, alors qu'au même moment celle des jeunes travailleurs européens sans emploi l'est aussi. Beaucoup de travail à bas prix pour les uns, beaucoup de chômage pour les autres. Et des profits pour le capital. Ce qui prend la forme des marchés du travail en déséquilibre, reflète une régulation économique favorable aux entrepreneurs et aux possédants. L'armée de réserve analysée par Marx (comme «surpopulation relative»), joue de nouveau un rôle dans l'ajustement des coûts salariaux, non seulement dans le temps, quand la déflation succède à l'expansion, mais aussi dans l'espace où les entreprises se déplacent. Cette mobilité des capitaux permet d'exercer un chantage au financement, à l'emploi, au niveau des salaires.

Réduite à la défensive, la classe ouvrière est *dépréciée*. Les avantages acquis, au lieu d'apparaître comme des droits, sont affectés d'un signe négatif. Pour l'idéologie du marché efficient, ce sont des sortes de rentes de situation, plus ou moins mal distribuées entre les travailleurs eux-mêmes, dont certains obtiennent plus que d'autres, selon le secteur où ils travaillent, la dimension de leur entreprise, le statut qu'ils ont, leur nationalité, et d'autres facteurs étrangers à la

10. Cf. J. Tomlinson, *Problems of British Economic Policy 1870-1945*, Methuen, 1981.

logique micro-économique. Dans cette perspective, les syndicats comme forme du mouvement ouvrier organisé, sont privés de légitimité. Leur affaiblissement réel, sous l'effet de la crise et du chômage, contribue à miner la notion de classe ouvrière. Les effets combinés d'une perte de combativité des travailleurs et d'une pression de l'idéologie du marché, entretiennent les doutes concernant la possibilité d'une «sortie de crise» différente des issues conservatrices.

Quelles que soient les origines du changement de climat social (désindustrialisation relative des pays capitalistes développés, changement des procès de travail, jeu des indemnités de chômage...), ses aspects idéologiques et politiques ont des conséquences. Aucun «New Deal» social n'est en vue, qui améliorerait la situation économique des travailleurs, partout soumis à la rigueur : priorité à la «désinflation»[11]. Cependant, pour sortir de la crise, il faut non seulement que les profits incitent à investir, mais que les marchandises produites soient vendues. La concurrence capitaliste est âpre, pour l'obtention de parts de marché. Depuis les années 1970, elle touche aussi les pays dits «en voie de développement» (PVD) au prix d'un énorme endettement des Etats de ces pays vis-à-vis des banques occidentales. La première augmentation du prix du pétrole, en 1973, a fortement accéléré la modification des circuits internationaux de l'argent. «The Debt Economy», qui désigne, selon la revue *Business Week,* les Etats-Unis de la fin des années 1970, où entreprises, consommateurs, Etat fonctionnent «au crédit», a inclus de *nouveaux sujets financiers,* les Etats emprunteurs (ou créditeurs, dans le cas des producteurs de pétrole) des «PVD» (Pays en voie de Développement).

Mais la «désinflation» et la crise des pays capitalistes développés se sont traduits par des difficiltés considérables pour les pays très endettés, affectant même le paiement des intérêts aux banques créditrices. Il semble qu'alors une sorte de «New Deal» financier s'est produit : négociations entre banques créditrices groupées entre elles et Etats débiteurs, sous l'égide du Fonds monétaire international (FMI), institution héritée de l'après-deuxième guerre mondiale et

11. *L'expression de «New Deal» a été consacrée dans les années 1930 pour désigner un ensemble de réformes aux Etats-Unis sous la présidence de F.-D. Roosevelt.*

Le New Deal («la nouvelle donne») a notamment permis certains aménagements institutionnels de la condition ouvrière, sans toutefois avoir l'ampleur des réformes européennes de type social-démocrate. L'usage fait ici de l'expression de «New Deal financier» ne doit en aucun cas renvoyer à autre chose qu'à l'idée d'un compromis entre parties conflictuelles, se traduisant par des changements dans les pratiques des institutions ou par de nouvelles institutions (voir l'analyse du chapitre IV, partie II).

dominée par les Etats-Unis. La dynamique de ce «New Deal» financier a joué, entre 1982 et 1984, avec des péripéties extraordinaires, comme au bord d'un Krach menaçant à la fois débiteurs et créanciers. Chantage et compromis se sont succédés, sous la surveillance du FMI imposant des conditions très dures aux pays endettés, mais soucieux d'éviter des faillites financières. Par la finance les Etats des pays producteurs de pétrole, ceux dits «nouveaux pays industriels», et d'autres «PVD» se sont trouvés insérés comme «sujets économiques» dans le monde capitaliste, au moment même où, tendanciellement, les classes ouvrières cessaient d'être considérées comme telles.

Mais cela s'est fait au prix d'une émergence conjointe de nouveaux types de travailleurs ou de chômeurs, dans les «pays capitalistes développés» *et* dans les «nouveaux pays industriels». Pendant le «New Deal» financier, la pression a été telle, sur le niveau de vie populaire, qu'un surplus commercial destiné à payer les intérêts de la dette a pu être obtenu de pays où vivent des millions de paysans sans terre ou d'ouvriers temporaires travaillant sur des segments de production qui étaient auparavant intégrés dans les pays capitalistes développés. Millions de chômeurs européens, millions de sans abri américains, millions de travailleurs sans emploi dans certains des nouveaux pays industriels, millions d'affamés. Les situations sont assez différentes pour produire un effet de désagrégation qui contrarie la formation d'un nouveau mouvement ouvrier international et la coagulation en une force organisée des révoltes paysannes.

L'idéologie du marché, qui fait état de la «rareté du capital» et de la «surpopulation» des hommes, trouve là en même temps son champ d'application et ses limites. L'idée de régulation par le marché, à l'échelle internationale a une fonction, celle de sauvegarder les intérêts financiers capitalistes, quoiqu'il arrive. Le prix à payer par les populations ne peut pas être compris là dedans, même s'il est très lourd. Le capital a pour objectif de faire le maximum de profits et les institutions mises en place doivent le lui permettre. Le désordre politique est secondaire, si les institutions tiennent le coup.

L'idéologie du marché s'en accommode, à condition que les fonds empruntés soient investis et fructifient assez pour assurer le service de la dette. Elle a pour effet universel de conforter les mesures gouvernementales d'austérité et les économies sur les salaires faites par les entreprises. Elle fait passer les sanctions financières, soutenues au besoin par la violence, favorables aux intérêts du capital, pour des mesures conformes à l'intérêt économique général : celui de l'entreprise, de la nation ou du monde libre selon le cas.

C'est là que doit intervenir la critique faite par ceux qui doutent de la régulation par le marché. En remontant à l'origine : l'idée du «marché sans crise s'il est sans entraves». En examinant ensuite des thèmes répandus comme la mise en cause de l'«Etat-Providence» et les conceptions monétaristes de la monnaie et du taux de change d'équilibre. En présentant des notions étrangères à l'idéologie du marché, comme celle de capital financier ou de politique économique. A chaque étape des suggestions seront faites pour apporter un début de réponse ou plus simplement pour poser les bonnes questions, avec l'espoir que Marx avait raison quand il disait que «l'humanité ne se pose que les questions qu'elle peut résoudre».

Chapitre Premier

LE MARCHÉ SANS CRISE ?

Les idées reçues sont comme les mots familiers du langage. Quelques-unes sont à la mode, que tous reconnaissent comme un signe d'appartenance au même monde. En économie, l'affirmation que nous sommes «en économie de marché» joue ce rôle, au début des années 1980, dans les pays occidentaux. Il s'en faut pourtant que la notion de marché soit bien claire. Elle a plusieurs significations qu'il faut essayer de préciser. L'une d'elles a longtemps été celle qui opposait, dans l'analyse économique, plan et marché, et, dans la réalité, économies socialistes de l'Est et économies occidentales. Par contre, à la fin des années 1970, on parle surtout des caractères régulateurs du marché, déterminant l'allocation des ressources et la distribution des revenus et réglant le rapport entre épargne et investissement.

Le noyau dur de cette orientation est la recherche de «l'efficience économique», sans entraves artificielles, sans intervention mal fondée de l'Etat, ni rentes de situations. Le marché est censé émettre des signaux de prix, qui reflètent les ajustements des offres et des demandes. Les perturbations qui peuvent l'affecter seraient tôt ou tard neutralisées par leurs propres effets. Ainsi, trop cher ou trop abondant, un produit ne se vend pas et l'offre doit s'adapter. Il n'y a pas de crise, mais seulement des fluctuations passagères qui se compensent dans le long terme, où l'équilibre prévaut.

A partir de là, on risque de glisser vers l'apologie de «l'économie de marché», expression économique de la liberté de choix des individus, par opposition à la planification centralisée. Même si le «marché pur» n'a aucune chance d'exister, il sert de référence contre le «collectivisme», comme le Paradis opposé à l'Enfer. Au plan historique, K. Polanyi parlait de «la société de marché» qui existait avant 1914 dans les pays capitalistes, et dont la domination dans les idées reposait sur trois dogmes : «le travail doit trouver son prix sur le marché; la création de monnaie doit être soumise à un mécanisme d'autorégulation; les denrées doivent être libres de circuler de pays en pays sans obstacle ni préférence; en bref le marché du travail, l'étalon or et le libre échange»[1]. Dogmes qui se sont effondrés entre les deux guerres mondiales, ce qui, d'après Polanyi, reflète la «grande transformation» du système économique occidental.

Cet effondrement était celui de la régulation du système économique par «the Big Market», non celui des marchés eux-mêmes qui n'ont bien entendu pas disparu. Leur rôle se manifeste dans ce que Marx appelait «le règne de la marchandise», caractéristique du capitalisme. Dans ce système, les rapports sociaux s'expriment, autant qu'ils se dissimulent, à travers des échanges d'argent et de marchandises. Ainsi le «marché du travail», où les salariés sont embauchés par les employeurs, reflète la demande des seconds et l'offre des premiers. Mais il est structuré par un rapport de pouvoir économique fondamentalement favorable aux employeurs. Le salaire est bien un prix de marché, mais il est déterminé par l'affrontement d'agents économiques hétérogènes. Le risque pris par l'employeur n'est pas du même ordre que celui de l'insécurité de l'emploi pour le travailleur qui doit reconstituer sa force de travail. Le marché du travail ne peut être supporté socialement que si diverses institutions interviennent. Réglementation étatique de la durée du travail, salaire minimum, assurance-chômage, sécurité sociale : ces réformes qui se sont développées avec la syndicalisation ouvrière dans les pays capitalistes développés n'ont pas aboli le marché du travail, elles en ont limité la brutalité.

La conception du marché qui s'ouvre sur une analyse du mode de fonctionnement capitaliste, diffère radicalement des dogmes de la régulation par le marché. Ceux-ci ont pourtant refait surface à la fin des années 1970, au plan des idées et de certaines pratiques gouvernementales. *La «grande transformation» n'aurait donc pas été irréversible?* Qui, au début des années 1960, aurait pu prédire que, 20 ans après, l'apologie de «l'économie de marché» serait devenue la tendance dominante? La croyance en les vertus des marchés

---

1. *La grande transformation,* traduction française Gallimard, 1983, p. 184.

sans entraves est soutenue par une théorie prépondérante, celle des
«néo-classiques». *Situation paradoxale : c'est une conception incapable de penser la crise qui domine au cours de la dépression la plus
grave depuis celle des années 1930.* Il n'y a, selon elle, que des déséquilibres passagers, résultats de chocs extérieurs au cours normal de
l'économie (quadruplement du prix du pétrole en 1973 sous l'effet
d'une volonté politique, celle des pays arabes fournisseurs). L'intervention excessive de l'Etat est également mise en cause. Ce qui
engendre un faux débat, celui du «plus ou moins d'Etat» par rapport
au marché, comme si l'accroissement de l'interventionnisme avait été
l'objet d'une décision maîtrisable. Ou comme si un Etat-Sujet se
trouvait en face de marchés autorégulés.

On peut, de façon simplifiée, indiquer la domination successive
de deux conceptions différentes : celle de la période keynésienne,
contre l'idéologie du laissez-faire antérieure à 1914; celle des nouveaux économistes, néo-classiques et monétaristes, représentés par
M. Friedman. Aucune théorie de la crise ne peut être fondée sur
une théorie de la régulation par le marché; celle-ci pourtant semble
justifier une véritable contre-réforme en matière de dépenses sociales
et de réglementation publique.

1. La période keynésienne

Après la seconde guerre mondiale, la croissance économique dans
les pays capitalistes développés est apparue comme celle d'*économies
mixtes,* où secteurs public et privé, marchés et réglementation,
finance privée et fonds d'Etat, s'interpénétraient. L'intervention
économique de l'Etat a pris la figure de la *politique économique,*
ensemble de mesures discrétionnaires affectant l'économie nationale.
Au moyen du budget (politique financière), de la politique monétaire (action sur le crédit et le taux de change), de la politique
sociale (réglementation des salaires, mise en place de régimes d'assurance). Non seulement les dépenses de l'Etat ont considérablement
augmenté par rapport à la production intérieure brute, mais leur
signification a changé.

L'Etat est apparu comme un agent économique particulier,
émetteur et récepteur de flux traversant toute l'économie nationale.
Son intervention a revêtu un caractère légitime, non plus seulement
en temps de guerre (mobilisation de toutes les ressources disponibles
contre l'ennemi), mais aussi en temps de paix, pour soutenir la
croissance économique. Changement idéologique considérable,

19

qui a dominé les idées depuis la Grande Dépression des années 1930 jusqu'au milieu des années 1970 : «période keynésienne», liée à l'avènement de la politique économique.

Avant cette période l'intervention économique de l'Etat est loin d'avoir été insignifiante, tout en variant selon les époques. Mercantilisme et protectionnisme ont accompagné la formation des espaces économiques nationaux à la fin du Moyen Age. Comme l'a indiqué Marx à propos de la Grande-Bretagne, les méthodes de «l'accumulation primitive» de capital ont utilisé «le pouvoir de l'Etat, la force organisée et concentrée de la société»[2]. Pour transformer des paysans en ouvriers salariés, les déposséder de leur terre était indispensable. L'accumulation de capital-argent se faisait dans le commerce, mais aussi en rapport avec la dette de l'Etat. Même au XIXe siècle, une fois le capitalisme installé dans certains pays, le laissez-faire de la période, caractérisé par Polanyi comme «the Big Market», n'a jamais fonctionné pleinement. Ainsi le système bancaire était-il partiellement soumis aux interventions de la Banque d'Angleterre ou de la Banque de France. Une assistance communale, une législation du travail, atténuaient les effets dévastateurs de l'industrialisation sur la main-d'œuvre, avant l'apparition des premiers régimes d'assurance à la fin du siècle, tandis que le mouvement ouvrier s'organisait en syndicats. On ne peut parler d'un pur libéralisme même pour caractériser cette période.

Un des fondements théoriques du «laissez-faire» était *la loi de Say,* énoncée au début du XIXe siècle. Son principe est simple : l'offre crée sa propre demande. Les revenus monétaires distribués lors de la production de marchandises pendant une période donnée, sont suffisants pour acheter ces marchandises vendues à des prix stables. Il ne peut donc y avoir surproduction générale et crise, mais seulement déséquilibres locaux et passagers. Les conceptions ultérieures du cycle économique seront influencées par cette idée : les fluctuations économiques de court terme se compensent «naturellement». La loi de Say justifie l'auto-régulation de toute économie marchande. Elle traverse aussi bien la conception «classique» de Ricardo que la construction «néo-classique» de Walras. Elle a survécu aux critiques de Keynes, qui reflétaient en partie un nouvel état du monde.

Après la première guerre mondiale et la révolution russe de 1917, la situation des différents pays capitalistes avait profondément changé. L'instabilité des monnaies nationales et un fort chômage

2. *Le Capital,* Editions sociales (1950-1959), livre I, volume 3, p. 193.

semblaient être devenus chroniques. Lorsqu'en 1926 Keynes annonça «la fin du laissez-faire», il tirait argument de la nouvelle situation, intérieure et internationale, de son pays. D'après lui, le «laissez-faire» avait été possible, au XIXe siècle, en raison de rapports de force particuliers : domination financière britannique soutenant le régime monétaire de l'étalon-or, absence d'organisation syndicale assez puissante pour garantir le pouvoir d'achat des salaires. Par contre, après la guerre de 1914-1918, la Grande-Bretagne a perdu sa suprématie financière au bénéfice des Etats-Unis. «Vieux pays industriel», elle a une classe ouvrière organisée qui profite de salaires plus élevés qu'ailleurs, et n'est pas disposée à accepter une baisse de son niveau de vie. Keynes pense que la nouveauté de la situation n'a pas été comprise par les gouvernements britanniques qui ont voulu rendre à la livre sterling sa parité d'avant guerre, au lieu de la dévaluer relativement à l'or et au dollar. Ni par les économistes qui n'ont pas vu que le succès du «laissez-faire» avant 1914 ne dépendait pas du «laissez-faire» lui-même, mais des conditions historiques de sa mise en œuvre : suprématie intérieure et internationale de la bourgeoisie britannique et de la City de Londres.

La loi de Say est mise en cause de façon plus générale. «Il me semble», écrit Keynes dans la préface pour l'édition française de la *Théorie générale*[3], «que jusqu'à une date récente les doctrines associées au nom de J.-B. Say ont dominé partout la science économique beaucoup plus qu'on ne l'a cru. Say supposait implicitement que le système économique travaille toujours à pleine capacité, de telle sorte qu'une activité nouvelle se substituerait toujours et ne s'ajouterait jamais à une autre activité. Or il est évident qu'une théorie fondée sur une telle base ne saurait convenir à l'étude des problèmes se rapportant au chômage et au cycle économique». Selon Keynes, le plein emploi des ressources n'est malheureusement pas assuré par le fonctionnement «naturel» du système. Il peut y avoir une surproduction générale et durable, différente des accidents partiels ou des déséquilibres provisoires. Laissée à la logique du marché, l'économie risque de «fonctionner à la crise», ce que ne peuvent comprendre les adeptes de la loi de Say. On verra plus loin que les nouveaux libéraux des années 1970-1980 admettent ce qu'ils appellent un «taux de chômage naturel» qui selon eux n'est nullement un indice de crise.

La conception de Keynes ne comporte pas seulement une criti-

---

3. *Théorie générale de l'emploi, de l'intérêt et de la monnaie*, Edition française, Payot, p. 13.

21

que théorique du «laissez-faire». Elle *légitime l'intervention économique directe de l'Etat sur le volume des investissements* après avoir identifié le caractère global et durable de la crise, et son origine : *l'insuffisance de la demande effective* (en biens de consommation et d'équipement). L'ensemble de l'économie ne peut pas être géré comme s'il s'agissait d'une entreprise unique, centralisant une pluralité d'unités économiques liées entre elles par les seuls marchés. La recherche du plein emploi a des conditions particulières, différentes de l'activité des entreprises dont le but est de faire du profit. Elle implique une certaine centralisation politique, rendant possibles des décisions qui concernent les investissements à l'échelle sociale. De ce point de vue, Keynes va loin : il apprécie la liberté d'action des Etats forts[4], où il est plus facile de considérer le produit social comme un tout, et d'agir sur le volume de ce dernier.

Par rapport à l'Etat du «laissez-faire», le changement de perspective est considérable. Il ne s'agit plus d'avoir, comme au XIXe siècle, un Etat «bon marché», avec relativement peu de dépenses et peu d'impôts, régi par un principe de rigueur budgétaire (sauf en cas de guerre). L'important, pour Keynes, est d'induire un procès de mise au travail de la main-d'œuvre, de distribution des revenus et d'absorption des produits. Il soutient non seulement le financement public de travaux créant des emplois, mais aussi celui d'investissements privés. L'important est qu'un économiste nullement lié au mouvement travailliste anglais de l'époque, affirme que le plein emploi des travailleurs est fondamental et que pour l'atteindre le fonctionnement des marchés ne suffit pas. Ce qui pour lui justifie, au plan de la conception du fonctionnement économique, les dépenses publiques. Un Etat coûteux en ressources nationales n'est plus perçu comme un parasite qui risque d'entraver l'initiative individuelle. Il peut susciter un enchaînement multiplicateur d'emplois et de revenus, si l'on considère le produit national comme un tout.

En même temps, l'épargne placée sur le marché des capitaux perd son rôle privilégié dans le financement initial des investissements. Keynes pense qu'il faut diminuer «la valeur conférée au capital par sa rareté», «valeur qui profite aux financiers et aux rentiers plus qu'aux entrepreneurs et aux salariés»[5]. L'augmentation du volume de l'investissement financé par l'Etat modifie le rapport des forces entre agents économiques. Elle change aussi

4. Cf. B. Schefold, «The General theory for a totalitarian State?», *Cambridge Journal of Economics,* vol. 4, n° 2, juin 1980.
5. *Théorie générale,* o.c., pp. 389 et suiv.

la répartition des rôles : aussi bien entendra-t-on souvent parler, après la deuxième guerre mondiale, de l'Etat-entrepreneur ou de l'Etat-banquier, expressions dérivées des idées keynésiennes. Et la politique économique a semblé être devenue un attribut naturel de l'Etat.

Plusieurs conditions ont favorisé ces changements, dès après la première guerre mondiale, qui a elle-même eu pour effet un nouveau seuil des dépenses publiques[6]. La conception du chômage ouvrier s'est modifiée par rapport à celle qui dominait avant 1914. Les chômeurs ne sont plus considérés comme des individus incapables, pour des raisons physiques et morales, de trouver ou de conserver un emploi, «déchets sociaux», «vaincus de la vie», «à la charge de la société toute entière»[7]. Les débuts de systèmes d'assurance-chômage, en rapport avec le développement du syndicalisme ouvrier, n'avaient pas encore été intégrés dans une conception de l'emploi comme phénomène macro-économique, pouvant relever d'une action centrale de l'Etat sur l'économie. Idée qui a été validée, au plan de la théorie économique, par les conceptions de Keynes. Du coup, certaines revendications ouvrières trouvaient une caution à l'intérieur même d'une partie du monde universitaire. Avec le souci de préserver l'emploi ouvrier, se produisait une «valorisation» (temporaire et relative, certes) du travail, qui devait déboucher, lors de la Grande Dépression des années 1930, sur des *réformes* concernant les salaires directs et ce qu'on appelle parfois «le salaire indirect» ou «différé» (assurances sociales). Non sans luttes et opposition patronale très vive. Keynes, hostile à la révolution russe de 1917 et loin du parti travailliste anglais, considérait néanmoins que le «laissez-faire» ne répondait plus aux nouvelles conditions des années 1920-1930, en matière d'emploi et de chômage.

Autre changement entre les deux guerres mondiales : l'effondrement du système de l'étalon-or et des règles du jeu de celui-ci. Comme l'a fait remarquer Aftalion, l'argent des spéculateurs financiers s'est placé aux Etats-Unis, alors que le niveau du taux d'intérêt y était plus faible que celui de l'Angleterre. Cela voulait dire que la City de Londres ne pouvait plus agir sur les fonds spéculatifs («hot money») par le maniement des taux d'intérêt. Après de vaines

6. Cf. R. Delorme et Ch. André, *l'Etat et l'économie*, Seuil, 1983, pp. 40-43.
7. Cf. J. Tomlinson, o.c., chapitre II; et B. Raynaud-Cressent, «L'émergence de la catégorie de chômeur à la fin du XIXe siècle», *Economie et statistique*, avril 1984.

tentatives pour revenir au système de l'étalon-or, la livre sterling, sous l'effet d'une forte spéculation, devint «flottante» en 1931. Non seulement à l'intérieur du pays la monnaie émise par le système bancaire n'était plus convertible en or à un prix déterminé et elle avait désormais un «cours forcé», mais au plan international il en allait de même. La politique monétaire en était profondément modifiée. Son rôle devenait secondaire, par rapport au besoin de financer les investissements et de gérer le taux de change pour favoriser les exportations («dévaluations compétitives»). Dans la *Théorie générale,* Keynes insiste sur le rôle du crédit bancaire aux entrepreneurs[8], et de l'emprunt public[9] auprès des particuliers, pour financer l'augmentation du volume de la production et de l'emploi.

Quant à la nature des dépenses publiques, elle importe peu, comme l'a indiqué R. Linhart[10] en parlant du «gaspillage» possible au plan de la macro-économie, contemporain de la rationalisation à la Taylor du procès de production (au plan de l'entreprise, objet de la «micro-économie»). Même si les dépenses publiques sont sans valeur d'usage, elles peuvent, dit Keynes, enrichir la communauté. Davantage encore : les gens sont prêts à accepter des dépenses totalement, plutôt que partiellement, inutiles. Si l'on pose la question de l'utilité, on risque de s'engager dans la voie des critères de rentabilité et d'ouvrir une discussion sur le bien-fondé des dépenses publiques, en termes de coûts et d'avantages. Or ces instruments d'analyse ne sont pas applicables à l'intervention économique de l'Etat, dit Keynes. Les exemples choisis par lui sont significatifs. Construction de pyramides, tremblements de terre, guerre même, entraînent des dépenses publiques indiscutables. Le «meilleur expédient», ou «la solution la plus acceptable de toutes», serait de creuser des trous dans le sol, pour en extraire soit de l'or, soit des bouteilles pleines de billets de banque préalablement enfouies. Mise à part la touche d'humour britannique, Keynes, en prenant de tels exemples[11] veut montrer *qu'il n'est pas possible de juger l'intervention économique publique selon les normes du marché.* Ce qui apparaît comme un gaspillage de ressources, a en réalité, le caractère d'un flux inducteur d'activité économique. Si le «laissez-faire» est fini, cela veut dire que les critères économiques du «Big Market» ne peuvent pas être appliqués à l'action économique de l'Etat. Aucun calcul économique

8. O.c., p. 103.
9. Id., p. 146.
10. Dans «le Taylorisme entre les deux guerres : quelques problèmes», dans *Travail et emploi,* Revue du ministère des Affaires sociales, 1983, n° 18.
11. *Théorie générale,* chapitre 10, paragraphe 6.

ne peut fonder la supériorité des dépenses d'éducation par rapport aux dépenses militaires. Au plan du consensus social, les secondes sont même sans doute préférables : totalement inutiles, elles échappent à toute tentative d'évaluation par le marché.

Keynes force le trait, pour déconnecter ce qui touche au volume des investissements et de l'emploi d'une part, et, d'autre part, les principes traditionnels de rigueur dans la gestion des finances publiques. *L'Etat «bon marché» des partisans du libre-échange ne permet pas d'intervenir dans la crise, et de réduire le chômage.* Contre lui Keynes évoque des dépenses «totalement inutiles», qui n'ont de sens que par rapport à une conception du produit social considéré comme un tout. De ce point de vue, les expressions d'«Etat-entrepreneur» ou d'«Etat-banquier» introduisent un biais trompeur dans l'interprétation du rôle de l'Etat keynésien. Elles risquent d'entraîner au plan de l'activité économique publique, des critères de jugement qui ne sont pas adaptés. Pour que l'Etat mène l'action économique qui est de son ressort, il faut au contraire qu'il ne puisse *pas* être pris pour une entreprise ou une banque auxquelles seraient applicables des critères de rentabilité. *Plus il agit sur l'économie, moins il doit être considéré comme un entrepreneur.* Ce que Keynes privilégie, c'est le caractère *centralisé* de la finance publique, qui lui permet de compenser l'insuffisance des entreprises *privées* en cas de crise. «Hors la nécessité d'une direction centrale pour maintenir la correspondance entre la propension à consommer et l'incitation à investir, il n'y a pas plus de raison qu'auparavant de socialiser la vie économique», écrit Keynes [12]. En rupture avec la loi de Say et le «laissez-faire», Keynes refuse aussi les idées de Marx et de Lénine. *Ni crise ni révolution, mais des réformes* du rôle économique de l'Etat respectant le syndicalisme ouvrier : tel est le réformisme de Keynes.

On dit souvent que c'est la deuxième guerre mondiale qui a mis fin à la Grande Dépression des années 1930 et non la politique économique préconisée ou soutenue par Keynes. C'est vrai. Ainsi le «New Deal» de Roosevelt aux Etats-Unis, n'a pas empêché une nouvelle dépression américaine, en 1938. Mais cela ne contredit nullement les idées de Keynes concernant le rôle de l'Etat. En effet l'utilité économique des dépenses publiques leur est en quelque sorte *extérieure :* elle tient aux effets multiplicateurs que ces dépenses peuvent avoir sur l'emploi et le revenu. Dans cette optique, l'Etat du «warfare» (militarisé) n'est pas inférieur à l'Etat du «welfare» (de la protection sociale). Ce qui importe est la masse des dépenses

12. Id., p. 392.

25

publiques. Mais de ce fait même le statut relativement protégé que Keynes pense être nécessaire pour les ouvriers anglais, devient beaucoup plus fragile et susceptible de varier avec la conjoncture. Il ne relève pas d'un soutien de principe à la classe ouvrière. *Là-dessus, Keynes n'est pas en rupture avec la pensée économique orthodoxe.*

2. Les nouveaux courants libéraux

Après la deuxième guerre mondiale, trente années de croissance économique des pays capitalistes développés, malgré de fortes fluctuations aux Etats-Unis surtout, semblèrent consacrer l'apport des idées keynésiennes et la fécondité de la politique économique. Les filets de sécurité mis en place pendant la Grande Dépression ou juste après la guerre (assurances sociales, garantie étatique des dépôts bancaires ou nationalisation des banques, etc.) restèrent prioritaires. En France, au cours de la reconstruction d'après-guerre et jusqu'en 1958, les dépenses publiques ont joué un «rôle moteur»[13]; elles sont ensuite restées à un niveau élevé, après avoir atteint un nouveau seuil, bien supérieur à celui de l'avant-guerre. Jusqu'au milieu des années 1960, il était possible de dire, comme l'a fait Milton Friedman lui-même : «Nous sommes tous keynésiens».

Ce n'est plus le cas dans les années 1970-1980, si «nous sommes tous aujourd'hui monétaristes», comme le dit un autre auteur américain. L'Etat interviendrait trop : il faudrait davantage de régulation par le marché, non seulement sans l'Etat, mais contre lui en cas de nécessité. Dé-réglementation, dé-nationalisations et autres pratiques du même type, sont mises en œuvre par les gouvernements conservateurs et font tache d'huile. Partout la rigueur budgétaire est prônée, *sauf* dans le cas des dépenses militaires, dont le rôle est profondément ambigu. Ainsi aux Etats-Unis les dépenses publiques pour la recherche scientifique et technique passent de plus en plus par l'appareil militaire; après quoi il est facile de montrer que les progrès de la science et de la technique dépendent de ces recherches! Là n'est pas, cependant, le point de rupture avec les idées de Keynes telles que celles-ci ont été présentées plus haut.

Il va de soi que les courants de pensée attachés au libéralisme (tel celui de Von Hayek) sont *toujours* restés hostiles aux conceptions keynésiennes même quand ces dernières étaient dominantes.

13. Cf. R. Delorme et Ch. André, *L'Etat et l'économie*. o.c., pp. 247-258.

Dans la pratique, la renaissance d'une politique monétaire moins dépendante des finances publiques, aux Etats-Unis en 1951, leur est apparue comme un moindre mal : «c'est un moyen de régulation qui se trouve, au moins partiellement, en dehors de la politique... et qui peut intervenir aux moments où le système politique est incapable d'agir directement»[14]. En France, le désengagement financier du Trésor[15], la plus grande liberté d'initiative donnée aux banques par les réformes de 1966-67, le souci d'éviter un déficit budgétaire trop important, ont été soutenus par le rapport Rueff-Armand, d'inspiration libérale, paru à la fin de 1958. Les modalités d'intervention de l'Etat se sont modifiées dans la pratique. Cependant aucune politique économique n'a pu empêcher l'éclatement d'une crise en 1974-1975, qui a touché tous les pays capitalistes développés. La forte croissance d'après-guerre, déjà compromise depuis le milieu des années 1960 par la baisse de la rentabilité du capital, a laissé la place à une période de «stagflation» : hausse des prix, augmentation du chômage. A la fin des années 1970, les gouvernements conservateurs de Grande-Bretagne et des Etats-Unis ont adopté des politiques dites de «désinflation», au prix d'un chômage élevé. L'objectif du plein emploi de la main-d'œuvre nationale a cessé d'être prioritaire.

Au plan idéologique, le centre du terrain s'est trouvé alors occupé par une «nouvelle orthodoxie économique», favorable à la régulation de l'économie par le marché. La politique économique keynésienne, incapable d'empêcher la crise, a perdu sa légitimité; elle apparaît sous un jour différent : illusions, échecs, incohérence. *Malgré la persistance des interventions étatiques, l'interventionnisme concernant les investissements semble être disqualifié.* Le nouveau libéralisme économique propose une alternative simple, déjà discutée avant la Première guerre mondiale : Etat interventionniste ou marché régulateur, rigidités et gaspillages ou initiative privée efficiente. Il impose une version moderne de cette vieille alternative comme objet de discussion, contraignant les autres à se situer sur son propre terrain.

Ce que Keynes ne voulait pas faire, c'est-à-dire utiliser des critères d'utilité et de rentabilité pour juger les dépenses publiques nécessaires afin d'amorcer ou de soutenir la croissance, est au contraire préconisé par les nouveaux libéraux. Sans que pour autant

14. R. Barre, article dans la *Revue Economique,* Paris, novembre 1955.
15. Cf. S. de Brunhoff, *Capitalisme financier public,* SEDES, Paris, 1965, pp. 6-14 et P. Ewenczyk, «Le désengagement du Trésor et la déplanification financière : 1958-1978», thèse de 3e cycle, Paris X, Nanterre, 1978.

l'idée de l'Etat prenne davantage de consistance qu'elle n'en a chez Keynes, réduite qu'elle est aux contraintes des «grands équilibres» financiers. Des prescriptions toutefois en découlent. Contre l'inflation, ne pas investir sans avoir épargné et donc, pour les entreprises, sans avoir fait des profits. Pouvoir rémunérer l'épargne empruntée à des taux qui l'incitent à se placer sur le marché des capitaux. Ne pas gêner l'initiative privée par des réglementations qui, si elles sont respectées, entravent les indications des marchés, et, si elles ne le sont pas, conduisent à une sorte de dédoublement de l'économie, dont une partie importante se cache de l'Etat (économie dite «souterraine»). Ne pas vivre au-dessus de ses moyens, qu'il s'agisse des ménages ou de l'équilibre budgétaire de l'Etat.

Concernant ce dernier point, pourtant, y compris dans les pays capitalistes développés dirigés par des gouvernements conservateurs, *la pratique est celle de forts déficits budgétaires,* les intérêts à payer sur les emprunts de l'Etat devenant la source de fortes dépenses publiques. Mais les seules dépenses de l'Etat qui soient délibérément accrues (en grandeur relative, par rapport aux autres, et en grandeur absolue), sont les dépenses *militaires,* justifiées par le besoin social et politique d'avoir un «Etat fort» dans le cadre de la domination stratégique américaine. Critère d'utilité classique dans le cadre des analyses traditionnelles des finances publiques, qui justifient certaines dépenses de l'Etat en étendant à toute la société le «besoin» individuel de sécurité. Dans le cadre du maintien de l'ordre intérieur, il y a bien l'exemple américain des prisons «privées», mais ce n'est jamais qu'un transfert au niveau des localités (dans le style des sheriffs du XIXe siècle). Au plan international, suivant les périodes on insiste ou non sur les dépenses de recherche scientifique qui sont liées à la préparation des guerres contemporaines. Mais de toute façon, la justification économique d'un type de dépense publique par rapport à une utilité sociale dérivée de critères «micro-économiques», ne relève pas de la logique keynésienne. Comme on l'a vu plus haut, les dépenses militaires ne sont pas, pour Keynes, moins ou plus justifiées que d'autres; leur caractère propre est indifférent par rapport à l'effet économique qu'elles ont sur le volume du produit global.

Ce qui établit une rupture entre Keynes et les nouveaux libéraux, c'est l'introduction par les seconds d'une hiérarchie de légitimité des dépenses publiques par référence à un discours sur les «besoins sociaux». Dans l'optique néo-classique, les nouveaux orthodoxes *admettent* l'augmentation des dépenses militaires, mais *aussi* la réduction des dépenses sociales de l'Etat, concernant les modes d'assurance publique. Dans le mouvement des restructurations industrielles, ce sont d'abord les ouvriers qui sont touchés, puis les autres catégories de salariés. Et les petits entrepreneurs comme les agriculteurs, dont 400 000 exploitations seraient, aux Etats-Unis, menacées de faillite au début des années 1980 : taux d'intérêt élevés, baisse des débouchés, diminution ou fin de la protection étatique instaurée par le New Deal de Roosevelt. Au nom de l'assainissement de l'économie, encombrée par des «canards boiteux» (entreprises non rentables et protégées), de la nécessité de la vérité des prix, et contre l'inflation, selon les besoins de la compétitivité sur le marché international. Ici la rupture avec l'idéologie et la pratique de caractère keynésien est complète.

La nouvelle orthodoxie ne peut pas et ne veut pas présenter une politique économique de rechange, qui aurait pour vocation de remplacer la politique économique keynésienne. Le *réalisme* et le *modernisme* invoqués par Keynes contre le vieux «laissez-faire», semblent être aujourd'hui l'apanage des «nouveaux classiques». Ceux-ci déclarent ainsi tenir compte des contraintes exercées par la concurrence internationale, celle des pays capitalistes développés entre eux et avec les «nouveaux pays industriels» : expression de la dure réalité économique succédant à la croissance en partie financée par l'inflation. Quand le produit social n'augmente plus, ce qui va aux uns est forcément prélevé sur la part des autres. Le critère de distribution doit relever du marché, régulateur économique.

Alors que le *réalisme* keynésien pouvait être accompagné par un certain *réformisme social,* répondant à certaines revendications ouvrières, ce n'est pas le cas de la nouvelle orthodoxie, dont le *réalisme* semble justifier le «laissez-faire».

Ce qui fonde, en pratique, des *contre-réformes* : la nouvelle croissance à venir et les mesures sociales sont dissociées, pour épurer la première de ses éléments non-économiques, donc «malsains». Les mesures d'intervention publique soutenant la «demande effective», comme les assurances sociales ou les subventions, avaient pris, depuis l'époque du «New Deal», un caractère économique. Ce que leur dénie la nouvelle orthodoxie : mais, elle les déconsidère aussi comme réformes sociales, ce qui n'est pas bon pour l'initiative économique privée étant tenu pour mauvais. L'idéologie de la *contre-réforme* a pour fonction de réaliser un nouveau consensus, hostile à l'interventionnisme étatique. Elle devient l'éclairage principal où les questions de la croissance économique sont abordées, au début des années 1980.

3. Théories du marché sans crise

Les «nouveaux classiques» n'ont pas plus de théorie de la crise que n'en avait la pensée économique traditionnelle. *Pour eux, la crise n'est pas une catégorie économique.* Dans la perspective d'une régulation par le marché, tout au plus y a-t-il des déséquilibres temporaires qui engendrent des fluctuations de courte période et se corrigent d'eux-mêmes.

Ce que l'on appelait «le cycle des affaires» décrivait ces mouvements au XIXe siècle. Le plus souvent une conception optimiste en oriente les analyses : des baisses de l'activité économique se produisent après des excès qu'elles résorbent. Si, à la faveur de quelque afflux d'argent, les banques distribuent trop de crédits aux entreprises, les affaires se développent au-delà de leur rythme «naturel» de croissance. La mévente et les faillites mettent fin à l'emballement des affaires, de sorte que les proportions normales finissent par être restaurées. L'événement qui a été à l'origine du cycle est en quelque sorte absorbé, neutralisé. Les récessions ou crises ne sont pas des problèmes, mais des solutions, elles font partie de la restauration des équilibres des marchés. Leur coût en faillites et en chômage est considéré comme inéluctable : il n'est que l'aspect temporaire du rétablissement des conditions de la reprise.

Cette conception orthodoxe du cycle économique semble différer profondément de la loi de Say, selon laquelle une crise générale est impossible. Mais, en réalité, elle n'est pas en rupture avec cette loi. Les moments du cycle, emballement, crise, reprise, se situent à l'intérieur d'une sorte de mouvement pendulaire, dont les points forts sont caractérisés par un équilibre de l'offre et de la demande. Les déséquilibres sont temporaires par définition et n'échappent pas au cadre fixé par la loi de Say.

Sans doute s'agit-il ici de l'ancienne orthodoxie, surtout liée aux idées dominantes au XIXe siècle. Mais elle n'a pas disparu sans laisser des traces profondes. L'analyse de la Grande Dépression des années 1930 faite par l'économiste contemporain, M. Friedman, en 1963[16], conserve l'essentiel des orientations de la pensée économique traditionnelle. Selon M. Friedman, il n'y a pas eu de crise inhérente au système économique, en 1929 et après. Un événement «exogène» s'est produit, en l'occurrence une énorme erreur commise par un dirigeant de la Banque centrale américaine (Federal Reserve), qui fait

16. Dans M. Friedman et A. Schwartz, *A monetary History of the United States, 1867-1960*, Princeton, 1963.

partie de l'appareil d'Etat considéré comme extérieur à l'économie. Au lieu d'adapter convenablement l'offre de monnaie aux besoins des demandeurs, le dirigeant fautif en restreignit le volume dans des proportions insupportables, ce qui entraîna une pénurie des liquidités bancaires, des difficultés des entreprises, l'effondrement des échanges, et enfin une crise générale. D'autres «erreurs», commises par des dirigeants qui, selon Friedman ne sont pas de véritables agents économiques, mais des employés de l'Etat, ont pesé sur la suite des événements et contrarié le retour de l'économie américaine aux équilibres fondamentaux. Ainsi M. Friedman raconte-t-il l'histoire de la Grande Dépression; il en fait un exemple typique du caractère pernicieux de toute intervention discrétionnaire de l'Etat, qui, selon lui, peut altérer de l'extérieur les activités économiques «naturelles».

Selon cette analyse, la crise n'est pas une *catégorie économique*. Seulement un *événement* dont l'origine (la psychologie d'un dirigeant de la Banque centrale) est imprévisible. On ne peut même pas vraiment parler d'une «crise économique». Si l'Etat avait normalement joué son rôle, quant à l'émission de monnaie centrale, peut-être n'y aurait-il pas eu de crise du tout. Cette vision optimiste reste ainsi dans le cadre de la loi de Say, même quand il s'agit d'analyser une «grande crise» et non une fluctuation passagère.

Une version plus raffinée, mais d'inspiration semblable, des perturbations économiques est développée par M. Friedman dans d'autres textes[17], qui utilisent les corrélations entre taux de chômage et taux d'augmentation des prix présentées par la courbe de Phillips, et prennent en compte les anticipations de prix faites par les agents économiques privés. La courbe de Phillips, publiée en 1958[18], indique une relation inverse («trade-off») entre le taux de variation des prix et celui du chômage : le premier augmente quand le second diminue et vice-versa. Fondement statistique de l'idée courante dans les années 1950-1960 selon laquelle la hausse des prix est la contrepartie du plein emploi. Mais problème quand, au cours des années 1970, il y a eu «stagflation», c'est-à-dire à la fois hausse des prix (inflation) et augmentation du chômage. Cela n'a pas empêché M. Friedman et de nombreux auteurs de la même orientation d'utiliser, pour l'analyse des fluctuations à court terme, une version corrigée de la courbe de Phillips tenant compte des anticipations de prix des agents économiques. A long terme, disent-ils, le niveau des prix

17. Cf. «The role of monetary policy», *American Economic Review*, Mars 1968.

18. Revue *Economica*.

futurs est correctement anticipé : il n'y a pas de relation inverse entre hausse des prix et diminution du chômage. L'économie est en état d'équilibre, sans chômage *involontaire*, quel que soit le niveau du *«chômage naturel»*.

La notion de «chômage naturel» donne une dignité économique à celle de «chômage volontaire» (à laquelle Keynes avait opposé l'idée d'un chômage «involontaire», c'est-à-dire imposé aux travailleurs et non choisi par eux pour profiter de loisirs). Le «chômage naturel», notion tout à fait empirique, peut être le résultat de plusieurs décisions ou phénomènes économiques de moyen terme, incluant les changements des techniques de production ou d'autres variables. Certains auteurs pensent que son taux en moyenne période a augmenté, de 4 % dans les années 1970 à environ 7 % dans les années 1980. Aucun objectif de plein emploi ne pourrait aller contre cette donnée «naturelle» sans faire preuve d'un dangereux volontarisme. *«Naturel», le chômage n'est pas un indice de crise économique pour les auteurs néo-classiques*. Ici la rupture avec l'orientation de Keynes est complète. Pourtant, le «chômage naturel» relève d'un constat effectué à partir d'un relevé statistique. Il est dépourvu de fondement théorique.

La conception des déséquilibres de court terme découle alors de l'usage d'une courbe de Phillips, complétée par l'hypothèse d'un taux de chômage naturel, et, pour les monétaristes, par l'idée que l'inflation est un phénomène purement monétaire, effet d'un excès de l'offre de monnaie qui brouille les anticipations des agents économiques privés. L'«inflation salariale» (hausse trop forte des coûts salariaux) est un sous-produit d'une émission excessive de monnaie par l'Etat. L'accroissement de la masse monétaire, inattendue, perturbe les équilibres économiques «réels». Une hausse artificielle de l'emploi, par rapport au taux naturel de chômage, peut se produire. Les employeurs augmentent les prix de vente de leurs produits, sous l'effet de l'augmentation de la quantité de monnaie. Les salariés obtiennent un salaire monétaire plus élevé, ce qui incite certains à s'embaucher, au-delà des limites du taux de chômage naturel. Quand ils réalisent que leur salaire *réel* n'a pas augmenté, une fois leur salaire nominal *«déflaté»* de la hausse des prix des produits, ils cessent d'offrir leur travail. Et l'on en revient, après un déséquilibre passager, au taux «naturel» (d'équilibre) du chômage.

L'un des fondements et des effets de cette conception du déséquilibre substitué à la crise, est une *dépréciation du travail*, dont l'offre est assimilée à celle de n'importe quelle autre marchandise sur un marché concurrentiel où se fixe le prix. Il y aurait des limites «naturelles» de l'emploi, quoique celles-ci soient purement statistiques en l'état actuel des analyses. L'hypothèse d'un taux de chômage naturel est une véritable *arme de guerre* contre l'action des syndicats et celle de l'Etat. Elle repose sur deux postulats :

1/ l'offre créée sa propre demande (loi de Say) ;
2/ sur le marché du travail il y a égalité des conditions entre salariés et employeurs, tous agents économiques privés.

Pourtant la seconde proposition est en partie démentie, à l'intérieur même de la conception néo-classique, par *l'asymétrie des anticipations* en matière de prix : les employeurs ne se trompent pas, ils augmentent les prix de leurs produits quand la quantité de monnaie augmente. Par contre, les salariés croient que leur salaire réel augmente, avant de voir qu'il n'en est rien. Tout en étant, dans la conception néo-classique, des individus économiques à part entière, voire même de «petits banquiers», gérant efficacement leur offre de travail, si l'on tient compte des anticipations, c'est-à-dire de la façon dont sont perçus les signaux du marché, les salariés sont bel et bien en état d'infériorité. A-symétrie et inégalité vont de pair.

L'origine du déséquilibre est «extérieure» au fonctionnement des marchés, selon l'analyse de M. Friedman. Normalement, les changements futurs des prix sont anticipés, à partir de l'expérience passée. Alors il n'y a aucune perturbation économique, aucun changement à court terme du taux de chômage «naturel». *«Only unanticipated inflation matters»* : seule l'inflation qui n'est pas anticipée a des effets économiques temporaires. L'activité se modifie provisoirement, sous l'effet d'un «choc» extérieur échappant aux anticipations «adaptatives» (qui sont telles que la situation présente, au temps t, est prévue à partir de la situation antérieure, qui prévalait au temps t − 1).

La notion de crise économique n'a donc pas de statut. Il y a des *accidents monétaires,* comme le manque de réalisme du directeur de la Banque centrale des Etats-Unis en 1929 ou quelque autre intervention qui perturbe l'offre de monnaie. Les préoccupations de politique économique sont réduites : l'inflation étant un phénomène monétaire, il faut que l'offre de monnaie soit soumise à des *règles* assurant son adéquation avec les besoins des marchés. Conception restrictive, mais qui, à partir de la réglementation monétaire, met en cause de façon extensive toutes les interventions de l'Etat qui peuvent être l'occasion de troubles monétaires.

Une autre version de la même théorie est celle des *«anticipations*

33

rationnelles» [19]. Pour donner un sens à cette notion, il faut supposer que la monnaie est «super-neutre» économiquement, ou «neutralisée». Les «anticipations rationnelles» expriment la synthèse du comportement individuel et de la fonction des marchés dans un cadre d'information complète et sans coûts de marché. Ainsi sur le marché des actifs financiers, toute l'information disponible est intégrée d'entrée de jeu dans les prix courants, et les erreurs de prévision ne peuvent être que purement aléatoires. Aucun agent individuel ne peut dominer un marché efficient, c'est-à-dire un marché concurrentiel formé d'agents avec anticipations rationnelles. Chacun est «price-taker» (subit le prix au lieu de le faire et d'être «price-maker»); personne ne fait d'erreurs systématiques et n'a d'illusion monétaire concernant les variations des prix. Une augmentation de la quantité de monnaie par l'Etat, si elle est anticipée, entraîne une indexation parfaite des prix (qui augmentent tous du même pas); cela indique que les agents économiques connaissent les règles suivies par la politique économique et plus généralement le modèle complet de l'économie. *Une politique monétaire prévisible a un effet économique nul, puisque les agents la neutralisent*. Seuls des chocs imprévus brouillent provisoirement l'information, devenue imparfaite. Les agents économiques à anticipations rationnelles ne font pas d'erreurs systématiques. Le marché financier fonctionne aussi bien que possible. Toute information étant immédiatement incorporée dans les prix, le marché efficient suit «une marche au hasard» («random walk»). Thurow [20] donne l'exemple de la prévision selon laquelle une action qui a maintenant un prix de vente de 50 dollars se vendrait à 100 dollars un an plus tard. Avec un *taux de marché* de 10%, la valeur du titre montera rapidement à 90,91 dollars (valeur nette actuelle d'une promesse de payer 100 dollars dans un an avec un *taux d'intérêt* de 10%). L'année suivante, la valeur de marché du titre augmentera de 90,91 à 100 dollars, pour tenir compte des intérêts composés. Mais une fois que ce titre atteint sa valeur d'équilibre (90,91 dollars), ce qui devrait arriver presque instantanément en conséquence de l'information reçue, celle-ci aurait épuisé son effet. Et on ne peut rien en tirer pour prévoir les mouvements ultérieurs des prix des titres. C'est pourquoi les tenants de la conception des anticipations rationnelles critiquent les modèles économétriques fondés sur des hypothèses dites «structurelles».

19. Cf. par exemple A. d'Autume, Note sur les anticipations rationnelles, INSEE, 1984.
20. *Dangerous Currents,* o.c. p. 154 (Traduction libre).

En conséquence, comme le font remarquer d'Autume et d'autres auteurs, il est impossible de comprendre ce qu'est une crise économique. «Seules peuvent se produire des fluctuations aléatoires du marché autour du niveau naturel des prix». Les déséquilibres tiennent à l'imperfection de l'information et aux délais d'ajustements, comme on l'a vu plus haut avec le traitement de la courbe de Phillips par M. Friedman. Quant aux politiques économiques, elles sont l'objet d'une critique radicale. Prévisibles, elles sont immédiatement neutralisées. Imprévues, elles suscitent des déséquilibres qui ne peuvent durer. *Ainsi le vieux «laissez-faire» trouve-t-il une justification moderne sophistiquée.* Neutralité économique de l'Etat, qui doit se contenter de faire respecter des règles du jeu très générales, assurant l'ordre social et la sécurité de la propriété, arrière-plan du libre fonctionnement des marchés.

En l'absence d'une *théorie* de la crise, la *notion* même de crise n'a pas de signification : il n'y a que des déséquilibres temporaires, engendrés par des événements extérieurs à l'économie. Non seulement la crise n'est pas une notion économique, mais elle n'est pas non plus une notion historique autre qu'«événementielle». Pour un monétariste comme M. Friedman, le mécanisme est toujours le même (excès d'offre de monnaie, hausse des prix, fluctuations temporaires par rapport à l'équilibre de longue période), seule l'occasion historique varie (mort d'un gouverneur de la Banque centrale plein de bon sens et mal remplacé en 1929, ou dépense inconsidérée de l'Etat génératrice d'un «excédent» de monnaie). Il ne sert à rien non plus de distinguer des «crises mineures» se produisant dans le cadre d'un système stable, et des «crises majeures» (comme la Grande Dépressions des années 1930) qui débouchent sur des modifications institutionnelles.

En l'absence de causes économiques «endogènes» ou de lois historiques, la recherche des occasions de troubles de l'équilibre apparaît alors comme celle de «boucs émissaires» [21] extérieurs aux agents économiques «normaux». Ceux-ci ont par définition un comportement économique rationnel : «l'intérêt privé est le plus habile des maîtres», écrivait J.-B. Say. Il ne peut être source de déséquilibre; de ce point de vue, il n'y a pas de diagnostic de la crise. Seulement une identification des événements perturbateurs, qui, à long terme, disparaissent forcément.

Cependant, toujours dans l'optique de la «nouvelle économie classique», s'il y a des rigidités artificielles, elles doivent être élimi-

---

21. Cf. le livre collectif, *La crise, quelle crise ?*, Maspéro, 1982, pp. 5 à 7.

nées par des mesures politiques d'inspiration «libérale». Déréglementation des prix des transports aériens, retour au secteur privé de pans entiers d'entreprises nationalisées, accompagnement des innovations financières privées par une plus grande liberté internationale de la circulation des fonds. Toutes ces mesures, qui ont peu à peu restreint l'intervention directe de l'Etat dans l'industrie et la banque, dès la fin des années 1950, ont été groupées de façon massive au début des années 1980 et justifiées par une idéologie néo-libérale, en même temps que par l'opposé de celle-ci, «la guerre économique» entre Etats-nations. Les deux convergent, *contre* l'idée d'une Internationale des travailleurs ayant le même statut par rapport au capital et les mêmes intérêts économiques et sociaux. *Pour* une aggravation de la concurrence entre salariés.

Le caractère passéiste de la nouvelle orthodoxie conduirait d'abord à ne pas la prendre au sérieux. Limiter les interventions de l'Etat alors que le niveau des budgets publics atteint dans tous les pays capitalistes développés de 35 à 50 % du Produit national brut! Restaurer un marché libre des travailleurs alors que depuis des dizaines d'années une protection sociale développée fait partie de leurs conditions d'existence! Retrouver une «auto-régulation» de la monnaie, alors que le système de l'étalon-or est mort et que même de son temps la Banque centrale intervenait! Comment le nouveau libéralisme pourrait-il réussir à exhumer des dogmes datant du XIXe siècle?

La reprise américaine et la diminution du taux de chômage (de 11 % de la population active en 1982 à 7 % en 1984) ont rendu populaire l'idéologie orthodoxe adoptée par l'Administration Reagan pendant le premier mandat du Président. Certains éléments «keynésiens» ont d'ailleurs joué un rôle, mais subalterne, ou de caractère ambigu.

Que la reprise économique américaine de 1983-1984 ait été en partie «tirée» par les dépenses militaires, peu importe, puisque la ligne de partage entre la conception keynésienne et celle de la nouvelle orthodoxie ne se situe pas là, comme on l'a indiqué plus haut.

Que la croissance de 1983-1984 soit allée de pair avec un énorme déficit budgétaire de l'Etat, ce n'est pas forcément non plus une ligne de clivage. Les keynésiens pensent que le déficit est à l'origine de la reprise. Mais les économistes néo-classiques peuvent aussi le penser, dans la mesure où il est financé sans «effet d'éviction» des emprunteurs, par une «épargne individuelle et volontaire» : ce qui serait le cas du drainage par le Trésor américain, de fonds en provenance de tous les pays, y compris de ceux où le capital est «rare»... par rapport à la rémunération plus élevée qu'il est possible d'obtenir aux Etats-Unis. Sur le renforcement de l'hégémonie financière américaine, ni l'école keynésienne ni l'école néo-classique n'ont grand chose à dire, comme on le verra ultérieurement.

Par contre, que la reprise américaine ait été accompagnée par une dévalorisation du travail ou une dépréciation de la force de travail des salariés, aussi bien dans le «secteur tertiaire» que dans celui de l'industrie, c'est là que se trouve le clivage le plus important quant à ses conséquences sociales. Keynes voulait un Etat fort, capable d'imposer à tous l'augmentation des dépenses publiques, et le maintien du niveau de vie des salariés, pour en finir avec la crise économique attribuée à l'insuffisance de la «demande effective». Les nouveaux orthodoxes veulent, eux aussi, un *Etat fort*, capable de respecter lui-même et de faire admettre un ordre social fondé sur la liberté d'entreprendre, pour que joue pleinement la régulation par le marché. Le lien fait par Keynes entre crise et «chômage involontaire» n'existe pas chez les «nouveaux classiques» pour lesquels aucun de ces termes n'a de signification. L'économie de la régulation par le marché, incluant le postulat du «taux naturel» de chômage, a pour fonction de faire accepter la dépréciation de la main-d'œuvre, assimilée à une marchandise dépendante du rapport entre offre et demande sur un marché dont l'étendue n'est pas fixée : celle-ci dépend des employeurs qui peuvent, s'ils en ont les moyens, faire pression sur les salaires américains en évoquant les salaires des ouvriers sud-coréens. En France, la pression exercée par le patronat et le gouvernement depuis 1982, en faveur de la «flexibilité du travail», va dans le même sens. *L'internationalisation relative du salariat est opérée par les employeurs, non par les employés eux-mêmes.* Au début des années 1980, le rapport des forces est favorable aux détenteurs de capitaux (ce qui toutefois ne permet en rien de préjuger l'avenir).

4. *Crises capitalistes et marchés instables*

Plusieurs études de longue période ont montré, dans le cas des Etats-Unis, une baisse de la rentabilité du capital. Les marxistes ont trouvé là une expression empirique de la baisse du taux de profit qui, selon Marx, est à l'origine des crises. Celles-ci n'ont donc rien d'accidentel, mais sont inhérentes au mode de fonctionnement du capitalisme, quels que soient les événements divers qui en marquent le début. Les difficultés de la mesure sont grandes, car les notions utilisées, celle de capital et de profit, n'ont pas la même signification dans les comptes des entreprises ou ceux de la «nation», voire chez les différents auteurs. Les concepts marxistes d'exploitation et d'accumulation du capital fournissent pourtant à l'analyse des crises un cadre théorique qu'on ne saurait trouver dans la nouvelle ortho-doxie.

Certains examinent l'évolution de la masse des profits (y compris les gains financiers tirés des placements), par rapport à celle de la valeur totale (en prix courants ou déflatés) du «capital fixe» (installations et machines). D'autres tiennent compte des stocks ou font une évaluation financière des actifs (actions et obligations) cotés en Bourse. Cependant, quelles que soient les mesures utilisées, il semble que l'ampleur de la Grande Dépression et celle des effets de la deuxième guerre mondiale ne sont pas déterminables. Et que, par contre, une image commune reflète la période 1948-1980. Baisse de la rentabilité du capital au cours des années 1948-1958 (par rapport à l'année 1945). Hausse en 1960-1965. Baisse de 1966 à 1980. Compte non tenu des fortes fluctuations de courte période.

Cette baisse de la rentabilité du capital est-elle due à l'augmentation des salaires? Ce n'est pas le cas aux Etats-Unis où les salaires réels (corrigés de la hausse des prix) ont stagné au cours des années 1966-1980, alors qu'ils avaient augmenté auparavant [22].

La crise économique est devenue ouverte en 1974, à l'occasion du quadruplement du prix du pétrole qui a cristallisé les tendances à la «stagflation» dans les pays capitalistes développés. La conception de Marx (qui n'a, de son vivant, connu aucune des «grandes crises») permet d'expliquer cette tendance en rapport avec le fonctionnement du capitalisme.

L'accumulation de capital se nourrit du profit : il faut que les fonds investis rapportent un revenu net aux entrepreneurs, faute de quoi ceux-ci ne sont pas incités à investir. Seul le travail salarié peut fournir une plus-value, une valeur ajoutée nette par rapport aux salaires versés pour la rémunération des travailleurs. Mais les opérations économiques ne se font pas de façon directe, comme si les salariés de chaque entreprise consommaient ce qu'ils produisent ou comme si les employeurs pratiquaient entre eux un système de troc. Elles transitent par des marchés. Production et circulation des marchandises sont liées. Les entrepreneurs, sur «le marché de la force

22. Une bonne mise au point d'ensemble se trouve dans l'article de G. Duménil, M. Glick, J. Rangel, «La baisse de la rentabilité du capital aux Etats-Unis : inventaire des recherches et mise en perspective historique», Revue *Observations et diagnostics économiques,* n⁰ 6, janvier 1984, pp. 69-92.

de travail», calculent le coût de la main-d'œuvre par rapport à la productivité de celle-ci. Concurrents les uns des autres, ils cherchent, pour réaliser leur produit, à obtenir des parts de marché (que cette concurrence ait des formes différentes selon le degré de concentration et de centralisation du capital ou la formation et le rôle dominant des grandes entreprises, cela ne joue pas ici). Si l'augmentation de la productivité des travailleurs passe par celle de la mécanisation ou de l'automatisation des procès de production, la dépense en capital fixe (équipements) augmente relativement à celle qui se fait en salaires. L'amélioration de la productivité peut conduire à la réduction des coûts salariaux, par le «dégraissage des effectifs». Cependant l'augmentation des dépenses en capital fixe peut faire baisser le taux de profit, comme rapport entre le revenu net des entrepreneurs et le capital investi. Ainsi l'accumulation du capital porte en elle le risque d'une baisse de la rentabilité, source d'instabilité des parts de marché et des possibilités de crise.

Il y a, selon Marx, des contre-tendances qui compensent la baisse du taux de profit. Elles jouent plus ou moins, dans la période contemporaine, selon les rapports de force entre les entrepreneurs et les salariés, la capacité des entreprises à investir à l'étranger, l'intervention de l'Etat en matière d'impôts, de subventions, d'allocations sociales. Pendant les années 1970 toutes ces contre-tendances ont eu un effet sans pour autant permettre le rétablissement de la rentabilité du capital, notamment à l'intérieur des Etats-Unis. Dans les moments de crise ouverte, l'inflation (hausse des prix) s'est combinée avec une augmentation du chômage. Crise du «marché du travail» (taux de chômage élevé), diminution des achats des consommateurs, arrêt des investissements : la baisse de la rentabilité, en affectant la croissance, en durcissant la concurrence, s'est traduite par une forte instabilité de tous les marchés. La crise de la fin des années 1970 a été la plus grave depuis la Grande Dépression des années 1930.

La baisse de longue période de la rentabilité du capital reflète-t-elle un changement des structures capitalistes, par rapport à celles du XIXe siècle? Certains auteurs marxistes, comme P.-M. Sweezy, pensent qu'avec l'avènement du capitalisme de monopoles, la stagnation est la norme vers laquelle tend l'activité au XXe siècle. Les grandes entreprises contrôlent la plupart des secteurs d'activité; or, elles sont «price takers» (elles font les prix au lieu de les subir): « ... Pour ce qui est des marchés desservis par de nombreux producteurs, comme les marchés agricoles, ils sont réglementés par l'Etat ou contrôlés par un petit nombre d'acheteurs. Les salaires et d'autres éléments du coût du travail sont largement déterminés, directement ou indirectement, par la négociation collective. En conséquence, l'accroissement de la demande globale par le biais de politiques fiscales ou monétaires, sert en partie à contre-balancer les effets dépressifs de la stagnation, en partie à fournir aux vendeurs qui se trouvent en position favorable l'occasion d'augmenter leurs prix et leurs profits» [23]. Ainsi l'inflation s'est-elle greffée sur la stagnation au cours des années 1970.

Cette conception permet de décrire plusieurs phénomènes qui ont affecté le mode de fonctionnement (ou «la régulation» [24]) du capitalisme. Cependant, elle comporte une *périodisation en «stades»*, celui de la concurrence au XIXe siècle, celui des monopoles au XXe siècle, *qui est à la fois trop large et trop étroite*. Trop large : ainsi on ne sait pas où y insérer l'émergence de la politique économique et de la macro-économie, ni le développement des grandes entreprises multinationales, à moins d'introduire des sous-parties. Trop étroite : la concurrence entre les grandes entreprises pour conquérir des parts de marché en période de stagnation est aussi vive que celle du XIXe siècle et elle n'exclut nullement l'arme de la baisse des prix, comme on le voit aujourd'hui dans le cas des produits manufacturés fabriqués au Japon ou en Corée du Sud. Ici, la division en longues périodes ne s'impose pas, pour la critique de «la nouvelle école classique» : l'idée du marché efficient, qui prétend être éternelle, n'est pas plus valable pour l'analyse du capitalisme au XIXe siècle qu'au XXe siècle.

Le résurgence de l'idéologie du «Big Market», à la fin des années 1970, a une fonction, celle d'imposer à tous les agents économiques la discipline du marché. Celui-ci semble indiquer qu'il y a un excédent «normal» de main-d'œuvre dans les pays capitalistes développés («chômage naturel»), et par contre une rareté «relative» du capital, défini comme les fonds à placer de la façon la plus rentable possible. Dépréciation de la main-d'œuvre, niveau élevé des taux d'intérêt : signes du marché qui sont à prendre au sérieux. Maintenir la rigueur pour les salariés et restaurer la rentabilité des entreprises (même si la baisse de la seconde n'est pas l'effet de salaires trop élevés), ce serait l'issue libérale à la crise, telle que l'a montrée la

23. Dans «La crise économique aux Etats-Unis», in *La crise économique et sa gestion*, ouvrage collectif édité par G. Dostaler, Editions Boréal Express, Canada, 1982.
24. Cf. les travaux de «l'école de la régulation», en France, avec M. Aglietta, Robert Boyer, A. Lipietz et d'autres auteurs.

reprise américaine de 1983-1984. On a vu plus haut que l'idée de la régulation par le marché est incapable de comprendre la crise, autrement que comme l'effet d'un choc ou d'une mesure artificielle émanant de l'Etat. Pourtant son regain d'influence n'est pas le signe d'un aveuglement tenace ou d'un cynisme inébranlable. Il reflète l'intensité de la crise et le besoin de restaurer la rentabilité du capital à l'échelle internationale, sinon à l'intérieur des Etats-Unis. *Même si les salaires relativement plus élevés dans ce pays ne sont pas à l'origine de la crise du profit* (on a vu que les salaires réels stagnent de 1966 à 1980), *ils font en partie les frais de la sortie de crise.* Leur dépréciation ne peut être acceptée socialement que si le travail est considéré comme une marchandise analogue aux autres, non seulement par les employeurs, mais *par les travailleurs eux-mêmes.* Comme le veut l'idéologie du Big Market.

D'après celle-ci, «les marchandises sont définies empiriquement comme des objets produits pour la vente sur le marché», écrit Polanyi[25]. Tous les éléments de l'économie sont passés sous la toise de cette définition de la marchandise. Ceux qui résistent, la terre, le travail, la monnaie, sont considérés comme des «marchandises fictives». Nous touchons ici un point névralgique. Si «l'économie de marché», tout en servant à imposer la dépréciation du travail, ne peut concevoir théoriquement la crise, n'est-ce pas parce qu'elle est notamment incapable de comprendre les structures du salariat comme celles de la monnaie? Examinons de plus près ces deux points :

a/ *Le travail.* — La notion orthodoxe du marché du travail est celle de l'équilibre entre l'offre et la demande d'un facteur de production, pour un prix appelé salaire. Du plein emploi des facteurs, la théorie est passée à celle de «chômage naturel» qui serait par définition accepté par *tous* les participants au marché. Il peut être l'effet de changements des techniques de production, de la délocalisation des procès de travail hors du pays, des modifications des habitudes sociales. Peu importe : contre ces données *extérieures* au marché lui-même, il n'y a rien à faire. Aucune action économique de l'Etat, aucun volontarisme n'est efficace. Il y a par hypothèse un consensus concernant l'existence et le niveau du «chômage naturel».

Les nouveaux classiques règlent ainsi la question du chômage dit «volontaire» (par les économistes orthodoxes) et du chômage «involontaire» désigné par Keynes comme signe de crise. Ce qui est naturel en économie est du même ordre que le temps qu'il fait observé par

25. Dans *La grande transformation*, o.c., p. 107.

la météorologie. Ainsi les notions de plein emploi et de crise sont-elles simultanément évacuées. Par une notion qui relève seulement de la statistique de moyenne période et n'a aucune consistance propre ! L'entretien des chômeurs pose d'autres problèmes, qui seront abordés ultérieurement.

A cette conception du marché du travail, s'oppose celle de Marx, qui tient compte de l'a-symétrie des agents économiques (détenteurs de capitaux/travailleurs) et fait du salaire le prix de la force de travail. C'est un revenu qui doit permettre le maintien en activité du travailleur, qui dépense ce qu'il touche en biens de consommation; le salaire n'est qu'une partie de la valeur ajoutée par la dépense de travail; de cette différence naît la plus-value qui revient au capital investi. Le niveau de marché du salaire est réglé selon Marx par l'existence d'une «surpopulation relative», «pivot sur lequel tourne la loi de l'offre et de la demande de travail. Le capital agit des deux côtés à la fois. Si son accumulation accroît la demande de bras, elle fabrique aussi des surnuméraires. Les dés sont pipés»[26].

En cas de crise, la marge de manœuvre du patronat varie. Les uns sont en faillite, les autres réussissent à profiter de la concurrence aiguë entre travailleurs à la recherche d'un emploi. Pour une place disponible, il peut y avoir des dizaines de demandeurs, ce qui fait pression à la baisse des salaires réels ou même, comme on l'a vu pendant la crise des années 1980, des salaires nominaux. L'a-symétrie structurelle entre offreurs et demandeurs de travail, qui tient au rapport de force favorable aux employeurs, est aggravée quand la conjoncture s'y prête et que les syndicats ne peuvent exercer une pression efficace.

Au plan des faits, selon les pays et les branches d'activité, l'armée de réserve agit plus ou moins rapidement et fortement sur le niveau des salaires de ceux qui conservent un emploi. Pendant la Grande Dépression des années 1930, au cours de laquelle des millions d'ouvriers devinrent chômeurs, en Grande-Bretagne les salaires des travailleurs restés en activité furent maintenus, voire augmentés, indique M. Dobb lorsqu'il analyse cette période. Dans certains secteurs, comme la production d'électricité ou celle de moteurs d'automobile, ce fut le cas. Autre trait relevé par Dobb, la persistance des petites entreprises, malgré l'augmentation de la concentration du capital[27]. Cependant, en 1937, même les entreprises modernisées

26. *Le Capital*, o.c., livre I, tome 3, p. 81.
27. Dans *Studies in the Development of capitalism*, Routledge, 1963, pp. 334-342.

et utilisant de nouvelles méthodes de production, furent à leur tour atteintes par la crise.

Ainsi «l'armée de réserve» des travailleurs industriels ne joue pas un rôle uniforme selon les entreprises, les secteurs, les pays, en raison du développement inégal de la modernisation et de la productivité et des changements des marchés. Ce que M. Dobb avait constaté pendant la Grande Dépression des années 1930, à propos de l'Angleterre, se produit aussi pendant la période contemporaine : inégalités des occasions d'emploi et des salaires, pression différenciée de «l'armée de réserve». La capacité de résistance des syndicats, qui varie selon les branches industrielles, joue un rôle, ainsi que la puissance du patronat et celle du gouvernement, compte tenu des différents changements institutionnels (Etat dit «protecteur»).

De ce point de vue, on peut comparer deux grandes grèves ouvrières (déjà évoquées plus haut), qui se sont produites en Europe de l'Ouest, celle des métallurgistes allemands en 1984, et celle des mineurs de charbon anglais, qui dura presqu'un an (1984-1985). La seconde fut beaucoup plus longue et dure que la première. Les syndicats allemands qui demandaient une réduction du temps de travail (35 heures hebdomadaires au lieu de 40), sans diminution de salaire, ont obtenu un compromis (38 heures 30) dont l'application est d'ailleurs discutée. Les mineurs anglais, malgré 11 mois de grève, n'ont pu éviter la fermeture de certains puits. Eux-mêmes intransigeants, ils se sont heurtés à un gouvernement conservateur décidé à ne rien céder et qui depuis son avènement en 1979 a pris des mesures de limitation de la puissance des syndicats. Ils n'ont pas eu le soutien des autres travailleurs du pays, ni des mineurs étrangers ayant des problèmes du même type. Le taux de chômage, en Grande-Bretagne, atteint plus de 13 % de la population active. Mais — de ce point de vue, la Grande-Bretagne a un caractère exceptionnel —, le chômage affecte beaucoup moins le niveau des salaires de ceux qui ont un emploi que dans un pays comme les Etats-Unis. Cependant, le rôle des syndicats est affaibli, ce qui augmente l'asymétrie entre demandeurs et offreurs de travail. Il n'est ici question que des grèves dans les pays capitalistes développés. Celle des travailleurs indiens du textile qui a duré plusieurs années ou celle des mineurs noirs d'Afrique du Sud, les émeutes de la faim en Tunisie ou au Maroc, ne sont pas prises en compte du point de vue de la formation de nouvelles classes ouvrières.

Pour conclure provisoirement, l'analyse du marché du travail par les auteurs néo-classiques et l'hypothèse du «taux de chômage naturel», *ne peuvent, par définition, rendre compte du chômage de crise* ni de l'effet de celui-ci sur le niveau des salaires et sur les rapports de force entre travailleurs et employeurs. La marchandise «particulière» qu'est le travail n'entre pas dans le cadre du schéma de la «nouvelle école classique», à moins de devenir elle-même une sorte de fiction. En va-t-il autrement en ce qui concerne la monnaie ?

b / *La monnaie.* — L'argent tiré de la vente des marchandises permet d'acheter les marchandises : selon la loi de Say la monnaie fonctionne comme pur moyen de circulation. Elle est elle-même conçue comme une marchandise, dont l'offre et la demande sont toujours en équilibre. Les canaux de la circulation ne débordent jamais, écrit Ricardo[28]. Si la quantité de monnaie est multipliée par deux, les prix doublent, absorbant l'excédent monétaire, et les transactions se poursuivent comme si de rien n'était. Qu'il s'agisse de l'or ou de la monnaie bancaire, une «autorégulation» est à l'œuvre. L'idée de crise monétaire n'a pas plus de signification que celle de crise économique (surproduction de marchandises non monétaires).

Cette construction de l'esprit ne tient debout que si la monnaie est une «marchandise particulière», dont le prix est inversement proportionnel à celui des marchandises non monétaires. Seules ces dernières sont l'objet d'une véritable demande, écrit Ricardo, car elles ont une valeur d'usage pour la consommation ou la production. Ce n'est pas le cas de la monnaie, limitée à son rôle de «moyen général des échanges». Comme elle n'est pas demandée pour elle-même, sa valeur est immédiatement fonction de sa quantité rapportée à celle des marchandises. Trop de monnaie, cela veut dire pas assez de biens (et vice-versa). Mais par définition le marché des produits est équilibré. C'est donc sur la quantité de monnaie que le déséquilibre se trouve reporté, et sur les prix monétaires le mécanisme du retour à l'équilibre. *A condition que le modèle de la marchandise (non monétaire) ne soit pas complètement applicable à la monnaie, qui pourtant y est soumise.*

Un des coups de force opérés ici consiste à réduire la monnaie à une seule de ses fonctions, celle de moyen de circulation. Dépouillée de sa fonction de réserve de valeur, *elle circule ou elle disparaît.* Il revient au même de dire qu'à l'équilibre elle est neutre et que quand le circuit des transactions se ferme elle s'annule. Dans les deux cas, l'offre crée sa demande, toute épargne est investie, tout emprunt est remboursé. Il n'y a pas de crise, mais pas non plus de monnaie

---

28. *Principes de l'Economie politique et de l'impôt,* Edition française, Calmann-Lévy, Paris, 1970.

comme telle. Seulement un flux inducteur d'échange, que ce soit un afflux d'or ou une créance-dette du système bancaire. A quelles conditions le financement cesse-t-il d'être extérieur aux grandeurs économiques «réelles»? Il faudrait pour cela que la monnaie soit conçue avec ses *diverses* fonctions, entre lesquelles existe une tension permanente. Il serait alors possible à la fois de distinguer et de mettre en relation croissance et crise, investissement et spéculation ou thésaurisation. Pendant la croissance, la monnaie moyen de financement et de circulation l'emporte, pendant la crise c'est la monnaie comme réserve de valeur. Mais *aucune de ces fonctions, même quand elle a le rôle principal, ne peut éliminer l'autre.* Il n'y a pas seulement une thésaurisation de crise et une circulation de croissance, mais aussi une thésaurisation de croissance et une circulation de crise [29].

Quand domine la fonction de circulation, la demande de monnaie réserve de valeur n'est pas seulement une demande d'encaisses déterminée par les habitudes de paiement et considérée comme constante (ce que M. Friedman incorpore dans sa conception quantitative de la monnaie et de la croissance équilibrée [30]). Elle coexiste avec l'achat de moyens de production et de consommation et elle contrarie partiellement ces achats. La pression de la fonction «réserve de valeur» sur la fonction «moyen général des échanges» se manifeste empiriquement par l'instabilité de la vitesse de circulation de la monnaie [31]). Elle met ainsi en cause la prescription d'une «règle d'or» de l'émission monétaire, qui ferait correspondre la quantité de monnaie («l'offre») au taux de croissance à long terme de «l'économie réelle». Il n'y a pas plus de monnaie purement circulatoire que de «sentier d'or» de la croissance équilibrée.

Le rôle dominant de la monnaie «réserve de valeur» pendant la crise, contredit massivement la réalisation des marchandises. D'un côté l'argent thésaurisé, de l'autre les stocks de produits invendus : crise économique et crise monétaire. *Mais il y a aussi une circulation de crise,* dans laquelle se manifeste et s'affirme la mobilité de l'argent. Hilferding y voyait le signe de la supériorité du «capital financier» sur le «capital industriel». Le second est empêtré dans ses immobilisations, alors que le premier peut se dégager, se déplacer et se placer partout. La déconnexion de la circulation des marchan-

29. Cf. S. de Brunhoff, *Les rapports d'argent,* Maspéro, 1979.

30. Cf. «A theoretical framework for monetary analysis», *The Journal of Polical Economy,* mars-avril 1970.

31. La vitesse de circulation est définie comme le rapport entre le produit et la masse monétaire, à partir de l'équation quantitative $M.V = P.Q$, d'où l'on tire $V = P.Q/M$. Voir plus loin, chapitre III.

dises et de la circulation financière est un des aspects de l'action de la crise («travail du négatif»). Ses limites, évidentes (sans production, pas de produit ni de droit financier sur celui-ci), ne doivent pas masquer sa réalité. Dans la crise monétaire s'affirme le travail de l'argent, nullement la maîtrise de la circulation marchande.

Monnaie non réductible à sa fonction circulatoire ; *crise* monétaire et non pas *déséquilibre* de l'offre de monnaie ; alors, l'«autorégulation de la monnaie» ne peut avoir le sens que lui donnent les tenants de l'économie libérale. Il n'y a pas de «circulation parfaite» (dérivée de la «perfect currency» dont parle Ricardo) qui imposerait une règle à l'émission de monnaie par l'Etat. Pas davantage une circulation imparfaite dont les désordres seraient engendrés par des chocs extérieurs. Incapable de comprendre la nature et le rôle de la monnaie, la loi de Say repose, en fait, sur une fiction : celle de l'offre qui crée sa propre demande ; elle reflète l'image d'une économie de marché qui serait capable d'incorporer en elle-même tous ses éléments constitutifs, au plan de la circulation ou des échanges. Comme l'indique Polanyi, l'économie conçue comme le «Big Market» «dévore la substance de la société». L'idée d'un ordre économique qui repose sur l'autorégulation des marchés empêche de penser la crise comme aspect du fonctionnement de l'économie. Car l'économie n'est pas que marché.

Il arrive qu'une asymétrie soit introduite par les théoriciens libéraux entre certains agents économiques, selon le délai plus ou moins rapide de leur adaptation aux changements (on a vu le cas de la différence provisoire des anticipations entre salariés et employeurs). Mais aucune justification n'en est donnée. En droit, la théorie économique explicite les comportements de marché d'individus homogènes et les chocs qu'ils subissent. L'exemple de prédilection est celui du choc monétaire, puisque en principe la monnaie doit être neutre ou neutralisée. Dans ce cadre, la notion de crise n'a aucun sens. On peut donc la présenter comme une fatalité, venue du ciel tout comme la manne monétaire dont chaque individu est pourvu au départ selon Patinkin. Ce qu'il faut discuter, à propos de «l'Etat-providence» (chapitre II) et du rôle de la monnaie et de la finance (chapitres III et IV), comme d'autres le font en analysant le marché du travail ou d'autres éléments de l'économie.

Chapitre II

ÉTAT-PROVIDENCE
ET CORPORATISME

Depuis le développement de la crise dans les pays capitalistes développés, où baisse de rentabilité et surproduction convergent à la fin des années 1970, deux thèmes se sont progressivement imposés dans l'opinion :

1/ «Crise de l'Etat-Providence» («Welfare State»);
2/ «Montée des corporatismes».

«L'Etat-Providence» désigne le financement public des dépenses sociales, consacrées à l'enseignement, aux services de santé, aux pensions, à l'indemnisation du chômage. Considéré comme l'effet de politiques reflétant des luttes ouvrières, il subit le poids de la crise des années 1970, difficultés financières, questions concernant sa légitimité et son efficacité, alors que les avancées techniques et le capital financier prennent plus d'importance que la force de travail ouvrière. Sa dépréciation s'accompagne d'une dénonciation des corporatismes qui auraient un caractère «conservateur».

Pourtant la «crispation» sur certains «avantages acquis» distribués de façon inégale montre que ces avantages ne profitent pas à toute la classe ouvrière, qui comporte des parties fragiles : jeunes, femmes, immigrés, travailleurs privés de syndicats dans les «nouveaux pays industriels». Or la critique est défavorable à la fois à l'Etat-Providence et au corporatisme syndical : selon elle, *les deux* créent et gèrent des «rentes de situation», de «faux droits». Soit un groupe social favorisé par la redistribution des revenus, celui des travailleurs manuels, protégé indépendamment du travail fourni par les individus et des contraintes de la productivité. Rigidité extérieure à l'économie de marché, qui devrait être supprimée, compte tenu de l'hypothèse du «taux naturel de chômage». Autrement dit, tout en dénonçant la nocivité générale du syndicalisme, on reproche aux ouvriers les plus «favorisés» d'oublier ceux qui ne le sont pas, et on leur demande une «conscience de classe» par solidarité avec les plus vulnérables; faute de quoi ils seront jugés comme «corporatistes» aux dépens de leur classe d'origine! Il y a là une perversion de la notion de classe, utilisée pour la dénonciation du «corporatisme» des travailleurs, dans le moment même où elle est vidée de son contenu économique, et politique.

Quant à l'expression d'«Etat-Providence» ou Etat «du bien-être» («Welfare State») elle a été forgée par des économistes et des hommes politiques hostiles à toute protection sociale des ouvriers de l'industrie, dans la deuxième moitié du XIXe siècle. Gens favorables à l'Etat «neutre» et «bon marché» et à l'Etat «gendarme» protecteur des personnes et de leurs biens. Qui devait payer le minimum d'impôts nécessaire pour assurer cette tâche? L. Walras[1] avait emprunté à son père l'idée que seule la rente foncière était injuste et devait être imposée. Pour le reste, il pensait que les conditions de départ étaient égales pour tous et que c'est l'inégalité des dons naturels qui est la source de l'inégalité: «conditions égales, positions inégales»[2]. Comme dans l'hypothèse déjà vue du chômage «naturel», les «nouveaux classiques» font appel à la *nature* chaque fois qu'il est question d'une inégalité qui doit rester hors de la portée de l'intervention étatique.

«L'Etat-Providence» est né comme *contre-feu* de l'organisation syndicale et politique (socialiste) du mouvement ouvrier à la fin du XIXe siècle: bien avant les écrits de Keynes concernant la crise et l'emploi. C'est par erreur que l'on fait souvent de la politique sociale une conséquence des idées keynésiennes. En réalité, une certaine protection sociale des ouvriers a été mise en œuvre, au plan de l'*Etat*, pour la première fois par le chancelier allemand Bismarck, dans les années 1880[3], en même temps que des mesures de répression étaient

1. Cf. Jaffé, «Léon Walras, an economic adviser «manqué» », *Economic Journal*, décembre 1975.
2. Id.
3. Cf. R. Lubove, *The Struggle for Social Security, 1900-1935*, Harvard University Press, 1968.

prises contre l'essor du Parti social-démocrate allemand. Dans plusieurs pays d'ailleurs (France, Etats-Unis), il y a eu opposition des travailleurs à ce système «made in Germany». Un autre partisan résolu d'un minimum de protection sociale des ouvriers a été le libéral[4] anglais Lloyd George, au début du XXe siècle, alors que le mouvement ouvrier en Grande-Bretagne, déjà organisé sur le plan syndical, se développait avec le Labour Party (Parti travailliste). Le réformisme conservateur ou bourgeois est allé ainsi au-devant du réformisme ouvrier, en partie pour désamorcer l'aspect contestataire de ce dernier.

Attribuer à Keynes l'invention d'un Etat-Providence est donc une erreur. Par contre la légitimation économique partielle de mesures sociales peut être déduite des positions de Keynes. Celui-ci s'est prononcé en faveur de dépenses publiques d'investissement et pour le maintien des salaires nominaux anglais, plus élevés qu'ailleurs, mesures favorables à la demande, donc aux débouchés de la production à l'intérieur même du pays. Les allocations-chômage, perçues par les travailleurs britanniques (bien avant les travailleurs français), étaient déjà en place lorsque Keynes écrivait ses grands ouvrages. Elles ne compensaient que partiellement la perte de revenu née d'un chômage élevé permanent en Grande-Bretagne entre les deux guerres mondiales. A quoi il faut ajouter les effets de la Grande Dépression des années 1930. Les mesures keynésiennes devant assurer une augmentation de l'emploi, au prix d'investissements publics de n'importe quelle sorte, elles auraient réduit le montant de ces allocations, en faisant baisser le nombre des chômeurs. Keynes a ainsi légitimé une nouvelle conception de l'aide aux chômeurs, *économique,* bien différente de la conception antérieure à la guerre de 1914, quand les chômeurs étaient considérés comme des cas psychologiques et sociaux ou comme un ferment de contestation politique. Ayant placé le niveau de l'emploi global au centre de ses développements et préconisé une intervention de l'Etat allant dans ce sens, les idées de Keynes se prêtent à la confusion entre politique de plein-emploi et «Welfare State».

Autre notion difficile à définir au début des années 1980 : celle de *«corporatisme».* Elle ne désigne plus l'idéologie conservatrice, puis fasciste, qui préconise l'union de toutes les couches sociales organisées en corps intermédiaires liés à l'Etat, fondée sur la convergence des intérêts de tous. Ni certaines pratiques de gouvernement en relation avec une «planification indicative» postérieures à la

4. Différent des économistes du «laissez-faire» à la française.

deuxième guerre mondiale et liées à la croissance économique. Par contre, elle a acquis un caractère péjoratif et désigne un certain type d'opposition à des mesures dites d'intérêt général en temps de crise; elle concerne la défense de situations acquises par des couches sociales diverses ne pensant qu'à leurs intérêts sectoriels, au détriment de la collectivité. Sa dénonciation actuelle s'en prend aussi bien aux règles de transmission des charges de notaire qu'aux syndicats ouvriers qui sont accusés de défendre les privilèges d'une minorité de travailleurs. Protégé par son syndicat d'origine et par l'Etat, le chômeur ne serait plus un véritable agent économique contraint de vendre sa force de travail sur le marché quand il a besoin d'une rémunération. D'où la critique des «rigidités» qui devraient être réduites. Pas d'Etat-Providence ni d'allocation chômage. Pas de syndicat ni de corporatisme. Mais des individus qui offrent leur travail dans des conditions les plus proches possibles du marché purement concurrentiel, compte tenu de l'hypothèse du chômage naturel. C'est dans ce cadre conservateur que se situent aujourd'hui la dénonciation du rôle de l'Etat-Providence et la critique des syndicats autres que les organisations-maison.

I/ *Que signifie la «crise de l'Etat-Providence»?*

1. *Le budget et les travailleurs*

Le déficit de la Sécurité sociale et celui de l'assurance-chômage en France sont avant tout, depuis quelques années, un *résultat* de la crise économique. Dans le cas de l'assurance-chômage, c'est évident : il y a moins de cotisants, pour plus de dépenses. C'est aussi vrai en partie pour le remboursement des dépenses de santé ou le financement des pensions-vieillesse, qui dépendent du rapport entre le nombre des actifs et celui des bénéficiaires; les changements démographiques (augmentation du nombre des personnes âgées auxquelles vont les 3/4 des prestations maladie) pèsent aussi sur le financement. A l'inverse, l'entretien des chômeurs et des personnes âgées empêche la consommation de diminuer brutalement et limite partiellement le chômage de surproduction. Pourquoi, dans ces conditions, parler d'une *crise* de l'Etat-Providence?

Il faut se reporter au diagnostic de la crise. Certains auteurs, qui en font une «crise de l'offre», dénoncent la pression qu'exerceraient sur la demande les dépenses de protection sociale, notamment la «sur-consommation médicale». Des chiffres sont avancés pour la

France. Nombre de consultations annuelles par personne en 1959 : 1,75 ; en 1981 : 3,6. Examens de laboratoires : 7,45 en 1959 ; 68,60 en 1981. Augmentation plus rapide que celle du nombre des médecins, pourtant forte (de 40 000 en 1959 à 120 000 en 1980). Il en va de même aux Etats-Unis, où en 1980 près d'un dollar sur 10 engendré par l'économie américaine est dépensé en soins médicaux, contre 1 sur 20 au début des années 1960. Coût croissant des techniques médicales, mauvaise gestion des hôpitaux, pouvoir des médecins, gaspillage des deniers publics ? L'ensemble des dépenses de protection sociale (pensions vieillesse, prestations maladie, allocations familiales, allocations chômage), absorbaient, en 1979, 17,9 % du Produit national brut en France (plus de 18 % en République fédérale allemande). Moitié moins aux Etats-Unis (près de 10 % du PNB en 1979), où la couverture sociale est beaucoup plus restreinte, mais où le déficit du budget général est plus élevé (4 % du PNB en 1983 contre 3 % en France ; mais 4 % en RFA aussi). Les dépenses de l'«Etat du Welfare» entretiennent ce déficit.

Or, de façon traditionnelle, l'orthodoxie libérale ne tolère pas l'existence de déficits du budget. Des finances saines doivent être équilibrées. Les dépenses publiques qui ne sont pas couvertes par des impôts, c'est-à-dire par une réduction des dépenses privées, suscitent un risque inflationniste : trop d'argent est mis en circulation pour trop peu de ressources réelles. C'est vrai même dans le cas où les emprunts d'Etat ne sont pas financés par des crédits bancaires, mais par l'épargne ; celle-ci cesse d'être disponible pour les prêts aux entreprises, qui sont alors *évincées* («effet d'éviction») du marché financier et doivent s'adresser aux banques. Le déficit public pèse indûment sur les ressources réelles et financières, dont l'affectation échappe aux arbitrages privés. Mais le supprimer par des impôts plus élevés aurait le même effet négatif. Ce sont donc les dépenses publiques qui doivent être *réduites à un «minimum incompressible», et choisies conformément au rôle assigné à l'Etat par l'idéologie libérale.* Seules sont toujours justifiables celles qui correspondent à l'action politique de la puissance publique. En 1981 les dépenses militaires absorbaient 6,5 % du PNB américain (4 % en France). Elles sont considérées comme une charge traditionnelle de l'Etat et justifiées aujourd'hui par «la défense du monde libre» pour laquelle les Etats-Unis sont en première ligne. Même si elles sont discutées, *il n'est pas question d'une crise du «Warfare State»* [5] *à leur sujet.*

5. Utilisée de façon symétrique par rapport à la notion de «Welfare State», celle de «Warfare State» est parfois traduite par l'expression «Etat militaro-industriel» (cf. plus haut p. 25).

Par contre, la légitimité du «Welfare State» est mise en cause en même temps que son coût financier. Alors que dans l'optique keynésienne, la *nature* des dépenses publiques importe peu par rapport à leur *effet* stimulant sur le volume du produit national, dans les analyses de «la nouvelle école classique» elle est prise en considération quant à sa valeur d'usage relativement à son coût. Cependant, comme les règles du jeu varient selon des événements historiques extérieurs à l'économie (état de guerre froide ou chaude, poussée socialement tolérée ou non des revendications ouvrières, etc...), l'appréciation de l'utilité des finances publiques se modifie également.

Quand il y a militarisation de l'Etat et en même temps dévalorisation du travail par rapport au capital (situation du début des années 1980), la légitimité du Welfare State est mise en cause. La gestion étatique de la force de travail, inéluctable en raison des carences du secteur privé, peut être réduite à un minimum, en même temps que se développent les campagnes charitables en faveur des «nouveaux pauvres» et des affamés. Au plan financier, cela se traduit par une compression ou une moindre augmentation des dépenses dites «sociales» de l'Etat, concernant non seulement la santé mais l'éducation et le système, centralisé dans certains pays, des allocations et pensions. Alors que l'Etat du *Warfare* est difficilement mis en cause (encore que le développement des mouvements pacifistes ait un impact certain), celui du *Welfare* peut entrer en crise. C'est-à-dire être déprécié, réduit, modifié, mais non supprimé, nous allons le voir. L'appréciation de sa crise est inséparable de celle qui concerne la légitimité de son rôle et de la place plus ou moins importante accordée par l'économie à la force de travail salariée.

Pour l'orthodoxie libérale, la crise financière de l'Etat-Providence n'est pas une conséquence, mais une cause de la crise économique. Avec ou sans déficit, l'Etat-Providence est de lui-même une source de déséquilibres. Il n'est pas devenu un monstre, il l'a été dès sa naissance qui est illégitime; résultat d'un viol de «l'économie de marché». Non seulement il opère un détournement de ressources, qui peut affecter les investissements, mais il détruit l'autorégulation du marché du travail. Dans les années 1930, l'économiste français J. Rueff affirmait qu'en Angleterre les allocations-chômage entretenaient le chômage lui-même, en restreignant artificiellement l'offre du travail, pour l'ouvrier qui peut choisir entre un salaire et une allocation; au lieu de baisser jusqu'au rétablissement de l'équilibre du marché, le salaire restait trop élevé et décourageait la demande de travail des entrepreneurs. Certes, depuis ces analyses de J. Rueff, les choses ont bien changé. Même les gouvernements conservateurs de Reagan aux Etats-Unis et de Thatcher en Grande-Bretagne, n'ont pu *supprimer* les allocations-chômage, mais seulement les *réduire,* comme dans la France de F. Mitterrand. Cependant les arguments libéraux inspirent toutes les mesures d'austérité salariale. A travers la crise financière de l'Etat-Providence, c'est le principe de la protection sociale qui est visé, en tant qu'il contredit le principe d'organisation économique du marché du travail. Si «les salaires doivent être livrés à la concurrence franche et libre du marché et n'être jamais entravés par l'action du législateur»[6], l'Etat-Providence, *même sans déficit,* est de trop.

Selon les normes de l'autorégulation marchande, tous les revenus des travailleurs doivent se former et s'épuiser sur les marchés. Vente de la marchandise-travail, salaire, achat de biens de consommation. Sans dérangement extérieur par accident ou par intervention de l'Etat, la loi de Say peut s'appliquer. Elle exclut les mesures de protection sociale, non seulement celles qui relèvent de l'assistance, mais aussi celles qui reposent sur un système d'assurance sociale. Les premières sont jugées nuisibles parce qu'elles séparent les revenus des salariés de leur seule justification économique, la vente de la marchandise-travail. K. Polanyi a rappelé[7] comment, en 1832 et 1834, la législation anglaise a supprimé les compléments de salaires et réservé les secours aux indigents incapables de travailler, *à l'exclusion des chômeurs.* «Les anciens pauvres étaient maintenant répartis en indigents inaptes physiquement, dont la place était le «workhouse», et travailleurs indépendants qui gagnaient leur vie en travaillant pour un salaire. On voit apparaître sur la scène sociale une catégorie totalement nouvelle de pauvres, les chômeurs. Alors que les indigents, pour le bien de l'homme, devaient être secourus, les chômeurs, pour le bien de l'industrie, ne devaient pas l'être. Que le travailleur au chômage fût innocent de son sort, c'était sans importance». Pour instaurer le règne de la marchandise, il fallait alors non seulement faire disparaître le chômage *comme catégorie économique, mais les chômeurs comme catégorie sociale.* Quelle qu'ait été l'évolution ultérieure de l'assistance publique, celle-ci est restée imprégnée de la conception du travail-marchandise.

Quand la protection sociale est financée par les cotisations des salariés et des employeurs, elle semble pourtant ré-intégrer le monde des échanges marchands. Vente du travail — salaire direct et salaire différé (cotisations) — achats de biens de consommation et fonds

6. Ricardo, *Principes...,* o.c., pp. 76-77.
7. *La grande transformation,* o.c., pp. 290-291.

d'assurance comme forme d'épargne individuelle. Les droits du travailleur sur une part du produit résultent directement ou indirectement de la vente de son travail. C'est le salaire différé qui lui permet de cotiser et d'avoir droit aux prestations. Mais dès qu'il y a déconnexion entre la vente du travail et sa rémunération *directe*, l'orthodoxie libérale s'inquiète. La revue «Dollars and Sense»[8] raconte l'histoire d'un conducteur de camions de Chicago, qui avait travaillé pendant 20 ans, mais ne pouvait toucher de pension à cause d'une interruption de son travail pendant trois mois et demi. Ce John Daniel entreprit une action juridique. Une cour d'appel fédérale lui donna raison, considérant que le «plan de pension» équivalait à un «contrat d'investissement». La Cour suprême lui donna tort, en invoquant les «réalités économiques» : «un salarié vend son travail pour obtenir un gagne-pain, ce qui ne constitue pas un placement concernant l'avenir». Seule compte l'épargne du travailleur *sur lui-même,* calculée en fonction des risques que court sa marchandise-travail[9]. C'est-à-dire l'assurance privée et non l'assurance sociale.

La critique orthodoxe de la protection sociale se fonde sur le désordre général qu'introduiraient des transferts de revenus étrangers à l'autorégulation du marché du travail. Celui-ci serait le premier touché, mais non le seul, puisque tous les marchés communiquent entre eux et forment «the Big Market». Si les travailleurs ont d'autres moyens de subsistance que le prix de leur travail, celui-ci cesse d'assurer l'équilibre de l'offre et de la demande de travail. Le marché des biens s'en trouve affecté. Il y a un excès de la demande par rapport à l'offre de biens de consommation, au détriment des biens d'équipement : c'est-à-dire une mauvaise allocation des ressources. Dans le long terme, les déséquilibres finissent par se résorber «naturellement». Mais les politiques d'austérité sociale, qui se soucient de préserver l'autorégulation du marché du travail, accélèrent le mouvement de retour à l'équilibre. Elles contribuent à restaurer «l'égalité» des agents économiques sur les marchés des facteurs et des produits, provisoirement violée par la protection sociale des salariés.

En raison de l'importance des sommes qui sont en jeu et de leur augmentation au cours des dernières années, les budgets sociaux ont une place centrale dans ce qui est considéré comme la crise des

8. New York, février 1979.
9. Calculez largement. Ne faites pas comme cet ouvrier américain de 38 ans, qui a manqué d'argent pour être opéré après une attaque cardiaque. Une collecte fut organisée, l'argent afflua, mais trop tard. K. mourut pour avoir souscrit une police d'assurance trop faible. Histoire racontée dans le *Washington Post,* 29 décembre 1981, sous le titre «Heart Transplant : Money arrives, but too late».

finances publiques, l'augmentation des déficits. Ils incarnent davantage le caractère incontrôlable de certaines dépenses que l'impuissance de la politique économique dite «keynésienne» à impulser la reprise économique. Et la pression financière qu'ils exercent prend un caractère de symbole. Les budgets sociaux apparaissent comme l'expression des rigidités économiques qui seraient engendrées par l'intervention de l'Etat et qui incluent des réglementations limitant la liberté du marché du travail. Ce qui ne serait pas le cas des aides de l'Etat à la recherche scientifique dont les entreprises ont besoin, ni des énormes marchés qui dépendent des commandes militaires. Quant aux charges croissantes des intérêts à payer aux détenteurs de créances sur l'Etat, elles sont soumises au respect des règles de la propriété financière privée, faute de quoi la puissance publique perdrait ce qui fait la particularité de son crédit. Autrement dit, seules les dépenses sociales publiques sont contestées *dans leur principe,* ainsi que tout ce qui peut affecter le droit de la libre-entreprise (comme les nationalisations).

Une évaluation des raisons du fort déficit budgétaire de l'Etat fédéral américain au début des années 1980, a été faite[10]. Côté recettes : les réductions d'impôt sur les ménages et les entreprises, obtenues par le Président Reagan, ont entraîné une baisse des rentrées évaluée à 35 milliards de dollars en 1982 et n'ont été que partiellement compensées en 1983 par des recettes fiscales plus élevées et une augmentation des cotisations de Sécurité sociale. Or, la dépression de 1981-1982 avait réduit les recettes fiscales en 1982 d'environ 40 milliards de dollars. Ce qui fait au total un manque à gagner de 75 milliards de dollars pour le budget de l'Etat en 1982 (sur un déficit de 110,7 milliards) ! Côté dépenses, celles-ci sont ventilées en trois grands postes : dépenses militaires, 210 milliards de dollars, intérêts de la dette publique 104 milliards, transferts sociaux 386 milliards. Ces trois grands postes ont *augmenté* en 1982, malgré les coupes faites dans les programmes sociaux par l'Administration Reagan et concernant l'aide médicale aux plus démunis, l'assistance aux familles nombreuses défavorisées, les repas gratuits dans les écoles. De telles coupes, combinées avec la persistance d'un chômage élevé, ont eu pour effet d'augmenter le nombre des «pauvres» et l'écart séparant ceux-ci des autres couches sociales. Situation qui a persisté après la reprise de

10. Cf. «Le budget américain ; les raisons du déficit», par Virginie Coudert (document de travail CEPII, Paris, février 1984). La Sécurité sociale au sens américain diffère du système français. Elle désigne un système budgétisé de retraites, de pensions d'invalidité et d'assistance médicale et sociale pour les retraités et les invalides, soit seulement une partie des «transferts sociaux».

1983. Au lieu d'essayer de réduire partiellement les inégalités sociales, le nouveau budget les accroît. *C'est un choix politique,* contre le rôle de «l'Etat-Providence», même si la plupart des transferts sociaux n'ont pu être supprimés mais seulement comprimés. Il faut se reporter à la relation entre l'homogénéité des individus sur le marché et l'élitisme, qui fait que *«par nature»* certains sont meilleurs que d'autres. Tous ne peuvent pas être «les meilleurs»; sinon il n'y aurait plus que des entrepreneurs et le marché du travail disparaîtrait! *Certains individus économiques sont donc «plus égaux que d'autres».* L'Etat-Providence, qui a en principe un rôle de *re-distribution* partielle des revenus, doit, pourtant, dépendre de la *distribution* initiale, laquelle renvoie aux rôles des uns et des autres dans la production. Une conjoncture de crise met en lumière ce caractère inégalitaire permanent, quelles que soient les améliorations du niveau de vie des travailleurs dues à une certaine protection sociale.

2. Hier et aujourd'hui

De nombreux ouvrages sur l'Etat-Providence ont montré les clivages qui ont séparé les conceptions bourgeoises les unes par rapport aux autres, ainsi que ceux qui ont traversé le mouvement ouvrier. Les premières ont combiné de façon variable l'exigence de rigueur économique (incarnée par l'idée de l'égalité entre épargne et investissement), et la compréhension d'un réformisme d'Etat. Quant au mouvement ouvrier d'Europe occidentale, en France jusque dans les années 1930 un courant important se méfiait de l'Etat bourgeois (celui qui avait détruit la Commune en 1871 et envoyé à une guerre sanglante les travailleurs en 1914-1918). Il en est allé autrement avec le «New Deal» de Roosevelt, exemple le plus fameux d'un compromis social; la faible partie des ouvriers américains qui avaient des aspirations révolutionnaires et regardaient du côté de la révolution russe, avait été écrasée dans les années 1920.

Aux Etats-Unis, en l'absence d'un mouvement travailliste ou social-démocrate à l'européenne, il y eut du côté ouvrier, de 1932 à 1937, des luttes revendicatrices d'une très grande ampleur, malgré une répression parfois sanglante, pour soutenir les réformes préconisées par le Président démocrate Roosevelt. Celles-ci heurtaient le patronat américain et en particulier le «Big Business», objet d'un sentiment populaire de défiance depuis la fin du XIXe siècle. Parmi les témoignages sur cette période, outre le film de J. Ford, *Les raisins de la colère,* qui montre le sort de paysans ruinés et tirés d'affaire par une intervention de l'Etat, un film de Lorraine Gray[11] a montré des aspects de *The Great General Motors Sitdown Strike* de 1937[12] à Flint, Michigan, et le rôle des femmes de grévistes dans ce qui a été considéré comme la grève la plus importante de l'époque avec *Sitdown* (lors de la dernière année «sociale» du New Deal de Roosevelt). On voit des banderoles où étaient inscrit les mots suivants : «Roosevelt said Organize»[13], alors même que la garde nationale fut envoyée contre les grévistes qui occupaient l'usine ! D'autres témoignages montrent que la plupart des grévistes de cette période ne voulaient pas être traités de «bolchéviks», quelle que soit la violence des affrontements. Les luttes contre le *capital* n'ont pas débouché sur une mise en cause du *capitalisme* américain. En cela elles correspondaient aux espoirs de Keynes, désireux de voir se produire des réformes du système permettant à ce dernier de survivre à la Grande Dépression, tout en évitant la solution russe de 1917.

Le caractère «fonctionnel» des dépenses publiques sociales qui se sont développées sous diverses formes après la deuxième guerre mondiale a été justifié dans «une optique keynésienne». Ces dépenses ont stimulé la demande de consommation, par l'importance grandissante de ce que l'on appelle parfois «le salaire indirect» (ou encore «différé» ou «social»). Peu élevé au Japon, plus important aux Etats-Unis et surtout développé en Europe occidentale, ce «salaire indirect» a contribué à la reproduction de la force de travail pendant les temps morts de la maladie ou du chômage, et à l'entretien des «inactifs» (enfants et personnes âgées). Soutien de la demande (débouchés pour la production), amélioration de la condition ouvrière (écho différé des grandes luttes des années 1930). Mais ce rôle régulateur a des contradictions qui lui sont propres. On a vu le cas du chômage : *l'indemnisation des chômeurs ne fonctionne bien que s'il y a peu de chômage* ! Or, toutes les allocations publiques sont tributaires de la croissance économique et de l'emploi, qui alimentent les cotisations salariales et patronales, même si l'Etat complète celles-ci par des dépenses (subventions) relevant de l'assistance plus que de l'assurance. Faute de croissance, il y a un déficit budgétaire élevé, ce qui s'est produit en 1975 (dépression conjoncturelle) et surtout en 1981-1982. Le système de protection sociale faiblit

11. «With Babies and Banners : Story of the women's Emergency Brigade», film de 1978, qui montre l'activité des femmes de grévistes, organisées en «équipes de soutien».
12. La grande grève de la General Motors, avec occupation.
13. « Roosevelt a dit : syndiquez-vous ».

donc quand il est le plus nécessaire, en cas de crise. Développé après la deuxième guerre mondiale, par pièces et morceaux successifs, souvent sous la pression des travailleurs refusant une diminution ou une limitation des «avantages acquis», il est toujours resté tributaire de la conjoncture. D'après les prévisions de presque tous les experts, une grande crise analogue à la Dépression des années 1930 ne se produirait plus. Et il est vrai que la dépression du début des années 1980 n'a pas eu la même ampleur que celle des années 1930. Mais elle s'est produite après une période de moindre croissance ou de «stagflation» dans les pays capitalistes développés et a provoqué de fortes secousses affectant les régimes de protection sociale. Le développement du chômage à un niveau inconnu depuis la deuxième guerre mondiale, en est un indice. En 1984, le taux de chômage officiellement calculé pour les pays de la CEE dépassait 10 %. Aux Etats-Unis, où la reprise économique de 1983-1984 a été saluée par des cris de victoire, ce taux n'est pas descendu au-dessous de 7 %, ce qui est supérieur aux 4 à 5 % pris comme niveau incompressible *naturel* (selon la longue période des néo-classiques) pendant la croissance d'après-guerre.

On pourrait dire, avec M. Friedman, que le «taux naturel» d'équilibre du chômage aux Etats-Unis a augmenté de 4 à 7 % de la population active. Mais quel que soit le niveau de ce taux, l'idée de «chômage naturel» prive les allocations-chômage de leur légitimité. Selon les monétaristes néo-classiques, l'activité des agents économiques dépend de leurs choix, comme vendeurs/acheteurs selon les prix du marché, incluant le salaire. La distribution «primaire» des revenus doit se faire selon cette logique, sans être altérée par des transferts, allocations, subventions, qui introduisent des différences «artificielles» de situations, contraires à la régulation par le marché. La vente de la marchandise-travail s'inscrit dans cette logique qui en fait l'objet d'une offre et d'une demande émanant d'agents économiques placés dans des conditions homogènes. Ainsi les rapports de force sont-ils dissimulés par les relations d'échange, le Big Market contenant en lui-même ses propres conditions d'équilibre.

Le système de représentation du salariat industriel développé par les économistes néo-classiques n'est mis en cause de façon radicale, on l'a vu plus haut, que si l'on oppose au «chômage naturel» la notion d'«armée de réserve» telle que la concevait Marx, comme régulatrice des salaires et de l'emploi. Point de vue différent de celui de Keynes pourtant opposé à l'orthodoxie néo-classique quand il affirmait qu'il y a du «chômage involontaire», résultat de la déficience de la demande effective. Avec l'idée d'une armée de réserve, il y a remplacement de l'analyse de l'homogénéité des agents économiques, par celle de l'hétérogénéité des producteurs (salariés et entrepreneurs). De la «forme salaire», prix du travail comme de toute autre marchandise, on passe à la distinction entre rémunération salariale du «travail nécessaire» et plus-value produite par le «sur-travail». «Le salaire permet de reconstituer la force de travail (dont la nature varie selon les périodes) dans le cadre d'un système d'appropriation des produits qui sépare la production de valeur du revenu salarial», écrit Jean Mathiot [14]. Distingué par Marx comme «capital variable» (différent du capital constant, matières premières et équipements), qui rémunère de façon partielle une dépense de «travail vivant», le niveau du salaire, quelles que soient ses variations dans le temps et dans l'espace, est une variable qui dépend fondamentalement des besoins de l'accumulation capitaliste. Cela n'enlève rien à l'effet réel des explosions sociales comme celles de 1936 ou de 1968 en France : le salariat a *une histoire* qui ne peut être réduite à une évolution linéaire de l'accumulation capitaliste.

Pendant la période de stagflation des années 1970, les augmentations des salaires *nominaux* ont été rongées par l'augmentation des prix : cas des Etats-Unis où le salaire *réel* des années 1980 n'était pas supérieur à celui du début des années 1970, malgré les diverses augmentations! En augmentant avec la crise, l'armée industrielle de réserve fait pression sur le niveau du salaire nominal (monétaire). Le rapport des forces sur le marché du travail, structurellement asymétrique (en faveur des employeurs), permet alors au patronat de comprimer les coûts salariaux, sous l'effet d'une concurrence impitoyable. Les négociations salariales aux Etats-Unis et au Japon, depuis le début des années 1980, montrent comment le «chantage à l'emploi» rabat les revendications salariales et aboutit à des concessions de la part des syndicats qui auraient été inimaginables quelques années plus tôt. Aux Etats-Unis, où le salaire réel n'avait pas augmenté en 1979 par rapport à 1970, le salaire nominal a non seulement été bloqué ·dans un grand nombre de secteurs, mais il a diminué. En échange d'une garantie d'emploi, mais parfois pour assurer le simple maintien de l'entreprise. Dans le secteur de l'automobile, du transport aérien, de la sidérurgie, pendant la crise de 1981-1982, les travailleurs ont accepté des baisses de salaires (de 5 à 30 %), en espérant des compensations ultérieures et surtout une sauvegarde de l'emploi dans l'immédiat. Autre pression patronale, la menace d'embaucher des travailleurs non syndiqués en cas de refus des

---

14. Colloque Marx - Schumpter - Keynes, Paris, 1983, à paraître dans *Cahiers d'Economie politique*, 1985.

concessions demandées. Ainsi en temps de crise, il y a une forte mise en cause du niveau de ce que l'on appelle «le salaire direct»; elle va de pair, au début des années 1980 avec la compression des dépenses publiques «sociales» concernant le «salaire indirect», prestations versées par l'Etat-Providence ou réglementées par lui. *C'est donc l'ensemble de la rémunération salariale que vise l'idéologie néo-libérale en temps de crise.*

L'opposition orthodoxe à l'Etat-Providence n'est pas plus «fonctionnelle» que ne l'était celle qui concernait «le régime fordien»[15] d'entre les deux guerres mondiales, combinant le taylorisme des conditions de travail *et* des salaires relativement élevés[16]. L'économiste Kalecki[17] s'était demandé pourquoi, pendant la Grande Dépression, le «Big Business» s'était partout opposé aux réformes de type «New Deal» donnant aux salariés une meilleure situation économique. La relance de la croissance par l'augmentation des débouchés, en période de surproduction, ne bénéficiait pas seulement aux travailleurs, mais aux entrepreneurs dont les produits étaient de nouveau l'objet de demandes. Alors pourquoi ces derniers s'opposaient-ils à des réformes permettant une reprise économique ? Par méfiance envers l'intervention étatique concernant des décisions d'ordre privé ? Kalecki insiste sur un autre aspect, celui de *la tension créée par un éventuel plein-emploi de la main-d'œuvre. Même si les profits restent élevés,* et si la hausse des prix peut neutraliser l'augmentation des salaires, *la position sociale du patronat serait affectée.* Car la relative sécurité de l'emploi des travailleurs risquait de miner la discipline dans l'entreprise et d'entretenir une instabilité politique. Les employeurs préfèrent le maintien d'un ordre économique comportant «une armée de réserve», composante normale du salariat. Sinon, disait Kalecki, ils utilisent l'arme de la hausse des prix («inflation») ou favorisent l'avènement d'un régime autoritaire. Il y a un autre moyen de rappel à l'ordre social que Kalecki expose tout en écrivant dans une période différente de la nôtre : l'exportation des capitaux, la «désindustrialisation» concertée, telle qu'elle est observée aujourd'hui.

Quant aux idées qui font de la dépression des années 1980 «une crise de l'offre», elles sont évidemment hostiles à l'Etat-Providence, qui affecte l'allocation des ressources. La baisse de la rentabilité des entreprises, examinées plus haut[18] a conduit à une pression sur les

15. Cf. B. Coriat, *L'atelier et le chronomètre,* Ed. Bourgeois, Paris, 1979.
16. Cf. R. Linhart, «Le taylorisme entre les deux guerres...», o.c.
17. Dans «Political aspects of Full Employment», *Political Quarterly,* 1943.
18. Cf. chapitre I, p. 17.

coûts salariaux directs, dont la part s'était élevée relativement aux profits dans certains pays occidentaux. Cependant si ces coûts, en termes «réels», n'ont pas augmenté depuis 1970 aux Etats-Unis, il est difficile de leur imputer la responsabilité de la crise perçue comme une demande excédentaire par rapport à une offre insuffisante des entreprises subissant un «profit squeeze» (une diminution des profits). Dans le cas des prestations sociales, les effets de la démographie ont été les plus importants, puisqu'à l'augmentation des dépenses pour les pensions vieillesse, se sont ajoutés les 3/4 des dépenses de santé, consacrés à des personnes âgées.

Par contre, il est vrai que les nouvelles modalités de l'accumulation du capital font apparaître celui-ci comme «rare», par rapport à une main-d'œuvre dite *surabondante*, compte tenu de l'internationalisation du capital et d'un développement partiel du salariat dans les «nouveaux pays industriels» du Tiers-Monde ou dans des sortes de poches de développement. Comme ce hangar près de Tunis où des femmes arabes travaillent sur de vieilles machines textiles livrées par l'Allemagne de l'Ouest. On ne compare plus seulement le salaire horaire moyen dans l'industrie aux Etats-Unis à celui du Japon, mais aussi à celui de Taïwan ou de Singapour. *Où est alors l'Etat-Providence?*

Il ne s'agit pas seulement d'une comparaison des coûts salariaux entre les pays où le travail bénéficie d'une protection sociale et ceux où il en est dépourvu, mais de l'éventualité d'une pression efficace sur ces coûts, avec la bénédiction de l'Etat. Sinon l'on ne comprendrait pas les mouvements de capitaux Nord-Nord, selon l'expression de Ch. A. Michalet, devenus relativement plus importants que ceux qui vont du Nord vers le Sud du Monde, depuis que la crise a atteint les pays du Sud. La dépression rend insupportable pour le capital, non seulement la perte de parts de marché, mais la relative sécurité de l'emploi des salariés des pays capitalistes développés. Il en va de même pour les dépenses sociales publiques, quand les recettes budgétaires et celles des cotisations diminuent. La consommation des ouvriers doit garder son caractère doublement «captif», non seulement quant à la nature des produits demandés, mais quant au niveau de la demande solvable. Tirer sur leur épargne pendant les mauvais jours n'a qu'un temps pour les salariés; emprunter quand les taux d'intérêt sont très élevés devient impossible. En France on a constaté qu'en 1980, les revenus d'activité avaient diminué, relativement à la hausse des prestations sociales pendant les années précédentes. De façon durable depuis les années postérieures à la deuxième guerre mondiale, l'importance relative du «salaire social», a, en

France, compensé un niveau des salaires directs moins élevé que celui d'autres pays capitalistes développés. D'autre part le développement du chômage à la fin des années 1970 a entraîné une augmentation relative des allocations par rapport aux revenus d'activité. L'année *1980* a été la première de celles qui ont vu une baisse du pouvoir d'achat, inaugurée par le gouvernement Barre de l'époque. Pendant la même année, sur 203 683 licenciements demandés pour «motifs économiques», plus de 190 000 ont été accordés. Péripéties de crise de la protection sociale.

Le destin de l'Etat-Providence est ainsi lié à celui de la distribution primaire des revenus, quoique de façon complexe. Ainsi le volume des prestations de chômage augmente en cas de crise, alors que les cotisations diminuent. Quand la dépression atteint plus fortement le taux de profit des entreprises, le déficit de l'assurance-chômage est mal accueilli et considéré comme une dépense improductive affectant les coûts de production. Il en va de même pour les autres cotisations finançant des dépenses «sociales». Mais en l'absence de guerres, de camps de concentration et de colonies, il est difficile de se débarrasser des jeunes «surnuméraires», qui augmentent de façon sensible le nombre des «travailleurs en excédent». Bien que l'assurance-chômage soit partout rognée, dans la Grande-Bretagne du gouvernement conservateur, par exemple, la «dénationalisation» ou «privatisation» de certaines entreprises l'emporte sur la suppression des allocations. Certains aspects de l'Etat-Providence ne peuvent être annulés, en l'absence d'une solution alternative qui permettrait tout simplement d'éliminer les bénéficiaires. Ils sont *réduits sans être supprimés, et sont discrédités par l'idéologie du marché efficient.* Un aspect en est la critique des «corporatismes».

II / *Que signifie la critique des «corporatismes»?*

Parmi les nombreux problèmes que pose le développement de l'Etat-Providence, deux sont abordés ici, qui concernent la *qualité* de la protection sociale et *l'inégalité de traitement des bénéficiaires* selon la différence de leur position sociale, soit hors du monde ouvrier, soit à l'intérieur même de celui-ci. Ces deux aspects sont liés, comme le soulignent certains auteurs. Ainsi, selon M. Albert [19], «le chômage coupe la France en deux»; sa fonction est de protéger les non-chômeurs : «le chômage des uns paie la sécurité des autres».

19. Dans *Le pari français,* 1982, pp. 176-177.

La question n'est donc plus celle-ci : «Qui travaille pour qui?»[20], mais «qui chôme à la place de qui?». Ce qui renvoie à une division des travailleurs entérinée par les prestations de l'Etat-Providence qui légitime en quelque sorte la dualité sociale. Autre sorte de critique, émanant d'un auteur italien, Enrico Pugliese[21] : il faut distinguer «l'Etat social», dont les prestations résultent d'une lutte politique réelle des travailleurs, de «l'Etat-assistance» qui signifie dépendance et clientélisme ou Etat-Providence «dégénéré».

Il n'y a donc pas qu'une critique d'origine néo-classique de l'Etat-Providence, critique selon laquelle une redistribution étatique fondée sur de pseudo-droits ne peut qu'être arbitraire et de mauvaise qualité, puisqu'elle n'émane pas de décisions individuelles véritablement «économiques». Toute différente est la critique sociale et politique de la «protection», qui peut se présenter comme une critique «de gauche» et qui dénonce la figure de «l'assisté», dominé par la production de normes et de situations inégalitaires[22]. Sans compter la critique du profit que peuvent tirer de la Sécurité sociale des catégories autres que celles des ouvriers, et relativement privilégiées. Ainsi la dynamique de l'Etat-Providence, loin d'agir en faveur d'une réduction des inégalités, refléterait et aggraverait la «dualité de la société». Le centre de celle-ci se trouvant dans le monde ouvrier dont les divisions se diffuseraient à travers toute la société. C'est dans ce cadre que se situent plusieurs des critiques du corporatisme contemporain, lequel serait entretenu par les syndicats ouvriers et diverses associations professionnelles, reconnus par l'Etat comme interlocuteurs.

1. Salariat et corporatisme

Au début du «plan d'austérité» en France, en 1982, on a pu assister à une véritable explosion de *la dénonciation des corporatismes,* dont le point culminant fut atteint en 1983. Au banc des accusés : tous les groupes organisés qui défendaient leurs intérêts «professionnels». Employés des Caisses d'épargne. Ouvriers qualifiés relativement bien payés, ayant une garantie d'emploi. Fonctionnaires protégés du chômage. Personnel à statut des entreprises publiques,

20. Cf. plus loin, le livre de Baudelot et Establet, cité p. 86.
21. Dans «Politique de bien-être et crise de l'Etat-Providence», Revue *Sociologie et sociétés,* avril 1983, Montréal (Canada).
22. Cf. plus loin pp. 80 et suiv.

en tête desquels venaient ceux de l'EDF. La mauvaise réputation de l'idéologie corporatiste en Europe occidentale était utilisée. Non sans confusions intéressées.

Entre les deux guerres mondiales et pendant la seconde, l'idéologie corporatiste a été celle de mouvements de réforme de droite ou d'extrême droite, inspirant en particulier le fascisme italien de Mussolini et, d'une autre façon, le régime de Pétain dans la France occupée par l'armée allemande. Syndicat officiel unique, interdiction du droit de grève, comité tripartite ouvriers-patrons-cadres pour répartir la pénurie, sous la domination du gouvernement pétainiste allié au régime allemand. Résurgence caricaturale d'une idéologie corporatiste brisée par la Révolution française de 1789 (qui cependant interdisait les syndicats ouvriers) puis par l'industrialisation capitaliste.

Les organisations professionnelles ayant été interdites par la loi Le Chapelier en 1790, diverses organisations servirent de substitut aux travailleurs devenus prolétaires au XIXe siècle. Leurs objectifs étaient la défense des intérêts «économiques et moraux» de tout *«corps de métier»* (d'où le nom de «corporatisme»), pour limiter l'effet du capitalisme «sauvage» qui broyait les individus isolés. Quand les ouvriers eurent obtenu le droit de se syndiquer, ils eurent à lutter contre la répression patronale (comme les listes noires empêchant les militants d'être embauchés), et contre celle de l'Etat, police et armée réprimant les grèves. C'est en partie cette histoire tourmentée du mouvement ouvrier qui a donné au mot «syndicat» le sens qu'il a aujourd'hui alors que vers 1870 il désignait «... une réunion de personnes ayant des intérêts communs et agissant de concert», comme les détenteurs d'actions d'une entreprise réglant, en-dehors de la Bourse, la négociation de ces actions. Ce qui n'a rien à voir avec le salariat[23].

Dans les années 1980, on peut dire que *l'idéal* corporatiste est mort, sans grand risque de se tromper. Mais ce qui est en cause, ce sont des *pratiques* dites corporatistes, fondées sur des intérêts économiques propres à une organisation professionnelle. On ne parle pas du «corporatisme» des propriétaires d'immeubles groupés en syndicats, ni d'ailleurs de celui des organisations patronales type CNPF. Par contre, les syndicats ouvriers en sont accusés. Les syndicats de cadres (la CGC d'aujourd'hui) ont, selon L. Boltanski, été mis sur pied dès 1937, avec les ingénieurs comme pôle d'attraction principal. A la fin des années 1944, leur renaissance a eu pour objet de grouper les cadres pour qu'ils se défendent d'abord contre le mouvement

---

23. Cf. P. Sorlin, Revue *Aujourd'hui*, mars-avril 1984, p. 3.

ouvrier et le communisme[24]. Les cadres constituent une forme particulière de «salariat bourgeois», ils défendent leur patrimoine culturel et financier contre les ouvriers, mais diffèrent du patronat possédant le capital des entreprises. Dans les années 1933-1939, ils avaient été la couche sociale porteuse des idéaux corporatistes[25] : tournés vers le passé (avoir des relations avec des personnes du même rang social), et vers l'avenir (privilèges des capacités techniques), l'Etat étant considéré comme une sorte de médiateur, à la fois contre le «laissez-faire» et contre le «collectivisme», et pratiquant une dose modérée d'intervention.

Après la deuxième guerre mondiale, les organisations professionnelles se sont développées en relation avec le nouvel interventionnisme de l'Etat et l'extension de la notion de salariat à de nouvelles couches sociales. La notion de salaire a pris un caractère étendu, en France, incluant les traitements du personnel de l'Etat, les appointements des employés, les gages des domestiques. Du point de la comptabilité nationale, toutes ces catégories touchent des «revenus d'activité», sur lesquels sont perçues des cotisations sociales. L'extension d'un quasi-salariat, qui dissimule l'hétérogénéité des situations sociales, entretient des activités de défense «catégorielles», tel que le mouvement des médecins hospitaliers «salariés» en 1983. Ceux-ci ont utilisé la grève comme forme de pression sur le gouvernement, sans craindre d'être assimilés à des ouvriers.

Il y a désormais un contraste entre le «corporatisme» comme idéal de l'organisation sociale et «les corporatismes» comme pratiques de défense de situations ou de «droits acquis». Ces derniers sont indistinctement dénoncés, mais la réprobation touche surtout les ouvriers. Question de nombre. Mais aussi, en période de crise, point de vue de la logique micro-économique et du maintien d'une hiérarchie sociale. En France, la corporation des «gueules noires» (mineurs de charbon) avait mené en 1963 une grève contre la fermeture de puits, dont la popularité avait été grande, y compris dans une partie de la petite bourgeoisie. Rien de tel contre les fermetures massives des années 1983-1984. Certains ont évoqué les avantages acquis des mineurs, comme la fourniture gratuite de charbon et le coût élevé des pensions. Sans trop insister cependant. Dans le cas de métiers pénibles et dangereux, le «corporatisme» est plutôt dénoncé à partir du produit fourni par les travailleurs : charbon de mauvaise qualité, extraction de plus en plus difficile, coût moins élevé de l'importation.

24. Cf. L. Boltanski, *Les cadres*, Editions de Minuit, Paris, 1982, p. 137.
25. Id., p. 117.

La dépréciation marchande du produit met en cause les producteurs. Si ceux-ci veulent conserver leur emploi, ils agissent contre «l'intérêt national» et par égoïsme de groupe.

Le dépérissement des mines de charbon en France provoque aussi une crise d'identité chez ceux qui le subissent, quelle que soit leur origine nationale. Car la décision gouvernementale française dépend de la Communauté économique européenne, qui est censée organiser pour ses membres un «repli en bon ordre» des productions excédentaires. Les pays membres de la CEE se répartissent le total à fournir, qui varie selon l'état du marché international et le protectionnisme des autres pays. La conjonction d'une diminution de longue période (cas du charbon français) et d'une dépression internationale, affaiblit la corporation des mineurs; elle lamine aussi ce que l'on a appelé le «néo-corporatisme» entendu comme système de négociations entre gouvernement, patrons, syndicats représentants des «organisations professionnelles»[26].

Selon Léo Panitch[27], examinant surtout le cas anglais, le «néo-corporatisme» contemporain a des limites de classe, en raison de l'asymétrie entre organisations patronales et syndicats ouvriers et de la différence de nature entre cette relation patrons-ouvriers et les liens des autres groupes sociaux entre eux et avec l'Etat. En outre, instable par nature, *ce néo-corporatisme ne réussit que si les syndicats incarnent une légitimité à l'échelle nationale.* Du côté des travailleurs, si les sacrifices demandés ne sont compensés par rien, ni avantages matériels, ni croyance en un intérêt national supérieur, l'instabilité augmente, sous la forme d'une désorganisation des syndicats, d'une baisse des effectifs syndiqués et d'une diminution de l'autorité des militants. *L'organisation de classe s'affaiblit alors que persistent des réactions de classe.*

On ne peut comprendre le succès rencontré par les critiques du «corporatisme» sans se reporter aux modalités de la gestion de la main-d'œuvre en période de difficultés économiques, qui se traduisent par une concurrence acharnée des entreprises entre elles. La baisse de la rentabilité a engendré une forte pression sur les salariés, concernant le niveau des salaires, la gestion de l'emploi, les prestations de l'Etat-Providence.

La domination de l'idéologie du marché se fait par de multiples

---

26. Cf. J. Goethscy, «Néo-corporatisme et relations professionnelles dans divers pays européens», documents de travail, 1983.
27. Dans «The limits of corporatism», *New Left Review,* n⁰ 125.

canaux. La mission attribuée à l'entrepreneur capitaliste est celle d'assurer la rentabilité du capital. Faute de quoi il y a échec et faillites. Le risque fait partie de l'entreprise. Mais si les agents économiques sont en principe homogènes, les salariés doivent eux aussi prendre des risques. Celui de la concurrence sur le marché du travail, de la baisse des offres d'emploi, de la diminution du salaire, selon l'indication du prix du marché. Le salarié étant considéré comme le propriétaire du «facteur travail», il doit prendre sa part des risques de l'entreprise. Comme agent économique individuel. Alors que, même si l'on raisonne ainsi, l'employeur, compte tenu de la relation asymétrique réelle déjà examinée, a de fait un pouvoir beaucoup plus grand que l'employé.

Pendant la crise, des pratiques patronales courantes, mais jusquelà disséminées, cherchent à être généralisées et légitimées. Ainsi en France le droit de licenciement s'est toujours exercé, puisqu'environ 90 % des licenciements «économiques» demandés étaient accordés. Mais le patronat en demande davantage ; il souhaite que le droit de licencier soit exercé sans formalités ni contrôles, selon le modèle américain. De façon plus générale ce qui est recherché, cette fois selon le modèle japonais tel qu'il est imaginé, c'est la flexibilité de l'emploi et des conditions de travail selon les besoins de l'entreprise. Cette flexibilité existe déjà sous différentes formes, par exemple celle du travail posté effectué selon les 3 x 8 heures, ou celle des emplois de vacataires. Mais c'est tenu pour insuffisant par l'organisation patronale française, car il faut qu'un nouveau consensus se dégage sur les conditions d'emploi et soit officiellement *ratifié* par des règles du jeu ayant une portée générale.

On a beaucoup parlé, à juste titre, de «l'emploi au noir» (underground) : femmes de ménage ou peintres d'appartements non déclarés et bien d'autres encore. Mais pour les entreprises industrielles, même celles qui font aussi travailler à domicile des ouvriers non déclarés, une inflexion des lois est de toute façon utile. Elle rend «naturel» le traitement du salarié comme responsable de son propre travail, à titre individuel, et lui interdit de se référer à la tradition des classes antagonistes (patrons-travailleurs salariés) et à des mesures «sociales» collectives. Cela prépare la fin de l'indexation plus ou moins globale («par contagion») des salaires sur les prix. La fin des augmentations plus ou moins uniformes des salaires. Et celle du rôle des syndicats autres que les organisations-maison.

Aux Etats-Unis, la pression est forte. Pour le même travail, l'un gagne 9 dollars de l'heure, l'autre 10. «L'individualisation» du salaire doit être un signe de la puissance patronale. Selon *Business*

Week[28], les travailleurs de l'emballage des produits alimentaires ont accepté une forte réduction de leurs salaires pendant la crise de 1982, pour sauver leurs entreprises. Avec la reprise, les syndicats pensent qu'il serait bon de revenir à un salaire horaire d'environ 10 dollars par heure (soit moins qu'avant la crise). Mais après plusieurs années de concession des salariés, les patrons concernés préfèrent moduler les salaires selon les entreprises et les travailleurs. Pour le même travail, l'un peut gagner 8 dollars de l'heure, l'autre 10, le troisième 12. Ce qui est censé habituer de nouveau les salariés à l'idée de la toute-puissance patronale. Il en résulte ce que *Business Week* appelle le *«me-too deal»* : chacun regarde ce que gagne l'autre, et si c'est davantage, demande une rémunération plus élevée : comme *individu,* «moi aussi (me too) je peux bénéficier d'une nouvelle donne»! Version américaine du «toujours plus» français moqué par de Closets.

La pression de la concurrence de crise pousse les entreprises à transférer une partie de leurs difficultés sur les salariés, en plus de l'extraction «normale» de plus-value. Aux Etats-Unis, malgré la baisse du taux de chômage des travailleurs (de près de 11 % de la population active à environ 7 %), lors de la reprise de 1983-1984, la diversification des salaires s'est poursuivie, selon la règle suivante : «the double standard that's setting worker against worker» (ou : «la différence des salaires qui divise les travailleurs entre eux»). L'un gagne 9 dollars 6 par heure et celui qui est à côté et fait le même travail, en gagne 13,99. Pourquoi[29] ? Un autre travailleur, qui est là depuis 16 ans dans un super-marché de Cleveland, gagne 10 dollars 30 par heure. Les nouveaux embauchés touchent 4 dollars par heure. Mais le premier apprend qu'il va travailler à temps partiel, en attendant d'être licencié. L'ancienneté ne donne plus de droits, contrairement à la formule traditionnelle : «The last hired, the first fired» (le dernier embauché, le premier licencié). Dans ces conditions, *si «corporatisme» il y a, entendu comme une réaction de défense des salariés, c'est un effet de la pression patronale en même temps que de l'affaiblissement de l'organisation de classe.*

2. Chômage de crise et division ouvrière

De nombreux auteurs se demandent si l'on peut encore parler

28. N⁰ du 15 avril 1985, p. 72.
29. *Business Week,* 8 avril 1985, p. 67.

de «classe ouvrière», et, au cas où ceile-ci existerait encore, s'il reste important de considérer son rôle particulier. Deux questions différentes, mais liées entre elles quand il s'agit d'analyser la portée des accusations de «corporatisme ouvrier». Les statistiques concernant le pourcentage des travailleurs industriels, indiquent qu'en 1979, environ 23 % de la main-d'œuvre salariée travaillait dans la production aux Etats-Unis, soit plusieurs millions de travailleurs; il est d'ailleurs parfois difficile de distinguer travailleurs des services et ouvriers dans l'industrie[30]. En France, les évolutions sont du même ordre : 7,5 millions d'ouvriers sur 17,8 millions de salariés (sans compter les 300 000 salariés agricoles), soit environ un tiers de ceux qui ont un emploi (21,5 millions d'«actifs occupés»). L'interprétation de ces chiffres est dominée par deux tendances opposées : celle qui déplore la «désindustrialisation» des Etats-Unis ou de la France, et demande qu'une nouvelle politique se préoccupe de renforcer l'industrie, celle-ci restant au cœur de la puissance des nations. Autre tendance, celle qui prend acte des modifications de l'emploi industriel (usage croissant de robots) et qui admet l'évolution des pays capitalistes développés vers des sociétés «post-industrielles», où la majeure partie des emplois est assurée par des travailleurs des «services». Ainsi, dit-on à moitié sérieusement, la création de 800 000 emplois aux Etats-Unis en 1985 ou après, se fera par l'embauche de gardiens d'immeubles.

Les statistiques désignent des catégories qui ne permettent pas toujours de cerner exactement la notion d'«ouvrier» à l'heure actuelle. Certains services, comme ceux de l'entretien et du nettoyage, peuvent être complémentaires d'une activité industrielle, tout en étant inscrits dans une catégorie qui ne précise pas leur relation avec l'activité de production. Quoiqu'il en soit, dans tous les pays capitalistes développés, le maintien d'un minimum d'activité sidérurgique, même à perte et sous le contrôle de mesures protectionnistes (comme celles que prennent les Etats-Unis), semble indiquer qu'un certain nombre de secteurs industriels ont une importance stratégique et sont maintenus par tous les moyens dans l'espace national. *La «désindustrialisation» recouvre en fait une «délocalisation» inégale des productions.*

Dans les pays capitalistes développés, l'augmentation des emplois dans le secteur dit «tertiaire» (commerce, services de toute sorte), va de pair avec la diminution relative ou absolue de l'emploi ouvrier.

30. Cf. Marianne Debouzy, *Travail et travailleurs aux Etats-Unis,* Editions La Découverte, Paris, 1984.

Ce changement est inséparable des formes de l'internationalisation du capital productif, quand celui-ci peut segmenter entre divers pays le procès de production ou exporter du «savoir-faire». En outre, la majorité des emplois du secteur tertiaire, quand ils ne sont pas induits par l'industrie elle-même (recherche, finance, commerce, assurance) sont soumis à un double mouvement. *Changements techniques à long terme, chômage de crise à court terme.* Beaucoup de ces emplois sont dépourvus de toute «qualification», tout autant que ceux des «ouvriers spécialisés» selon l'expression française désignant les «unskilled workers». On a déjà évoqué le cas des jeunes travailleurs «fast food» aux Etats-Unis, massivement embauchés en 1983 et 1984. La «désindustrialisation» et la baisse relative de l'emploi ouvrier, peuvent faire penser à un nouveau type d'«Etat rentier», selon le nom donné par Lénine à la France et à la Grande-Bretagne à la fin du XIXe siècle, quand le capital financier y était dominant et que la production industrielle de l'Allemagne et des Etats-Unis était passée au premier rang. *Cependant l'histoire a montré qu'aucun Etat, si «rentier» fût-il, ne pouvait se passer de l'industrie.*

Une autre question concerne l'état de division réelle du monde ouvrier, selon plusieurs facteurs. Qualification des uns et non des autres, qui passe à l'intérieur de chaque pays, mais aussi entre pays (on verra plus loin le cas des ouvriers japonais, bacheliers, opposés aux ouvriers français dépourvus de formation). Différence de nationalité (cas des immigrés) et de race (les Noirs américains). Différence de statut, notamment dans le cas des Français travaillant dans des entreprises publiques. Sans parler du sexe et de l'âge. Comme si «l'aristocratie ouvrière» dont parlait Lénine au début du XXe siècle, se reconstituait toujours, sous de nouvelles formes. Ch. Sabel cite l'exemple des typographes anglais et français[31] qui ont à la fois un grand sens de la solidarité entre eux et des privilèges qui les distinguent des autres travailleurs : selon Sabel, ils sont porteurs d'une idéologie corporatiste, forme dégénérée, dit-il, de la revendication ouvrière d'autogestion et de pouvoir économique. En examinant les situations «relationnelles» et non «positionnelles» des groupes, Sabel pense que l'on ne peut pas parler de «*classe* ouvrière», sauf pendant de brefs moments de «recomposition politique», comme lors de l'«automne chaud» italien à la fin des années 1960.

Il est vrai qu'il existe des strates dans le milieu ouvrier et qu'elles ont un caractère structurel. Il en a toujours été ainsi, comme le mon-

---

31. Ch. Sabel, *Work and Policies, the decision of labour in industry*, Cambridge University Press, 1982, pp. 180-190.

tre l'analyse faite par Marx de la composition de l'armée industrielle de réserve, qui va des ouvriers prêts à retrouver un emploi à un état de «lumpen proletariat». De nombreux travaux sur la composition de la classe ouvrière à la fin du XIXe siècle et sur les débuts du syndicalisme, vont dans le même sens. Mais cela n'a pas empêché l'usage de la notion de «*classe* ouvrière», comme reflet d'une réalité économique et sociale, celle de l'exploitation et de la domination du capital productif, source de profit. Quelles que soient les modifications contemporaines, glissement de la notion de salariat, diminution du nombre relatif des ouvriers, divisions de toute sorte, la condition ouvrière reste particulière et soumise à des risques qui lui sont propres.

Les analyses contemporaines vont parfois d'un extrême à l'autre, de la notion d'«ouvrier masse» caractéristique du taylorisme dans les grandes usines, à celle de fragmentation séparant les ouvriers les uns des autres. R. Linhart[32] rappelle que les hauts salaires préconisés par Taylor, en relation avec une modification du procès de travail, n'ont jamais concerné *tous* les travailleurs. De même que les grandes entreprises ont besoin des petites, les hauts salaires vont toujours de pair avec les bas salaires. Ce développement inégal se produit dans tous les pays capitalistes développés pendant la période d'entre les deux guerres mondiales. Dans les années 1980, il reste spectaculaire dans la fameuse «Silicon Valley», où des femmes immigrées travaillent pour de faibles salaires sous la direction de techniciens de haut niveau. Quant au Japon, il est un cas classique de la dualité du marché du travail ouvrier.

Un mot ici concernant les «ouvriers-bacheliers» japonais dont l'exemple est souvent invoqué pour stimuler (ou culpabiliser) les travailleurs en France. Un professeur enseignant au Japon depuis 15 ans, explique[33] que les bacheliers japonais «sont en quelque sorte les déchets du système : ceux qui renoncent à entrer dans une université, soit parce qu'ils sont trop médiocres intellectuellement, soit, le plus souvent, parce que leur famille n'a pas de quoi leur «payer» un diplôme dans une université de 5e ou de 6e catégorie. A tous les niveaux du système d'éducation de ce pays, la sélection se fait uniquement à l'entrée». Autrement dit, le baccalauréat japonais est différent de l'examen du même nom qui en France se passe à la fin des études secondaires (et qui a un premier effet de «filtre»).

32. «Le taylorisme entre les deux guerres», article cité.
33. Courrier du *Nouvel Observateur,* lettre de P. Nicolle, numéro du 2 au 8 novembre 1984.

Les ouvriers bacheliers japonais sont ceux dont les familles ont le moins de ressources. On s'en serait douté. Ils manquent aussi du «capital culturel» qui complète les moyens financiers et les situations sociales différentes (un enfant d'instituteur au revenu peu élevé a plus de chance de «s'en sortir» qu'un enfant d'ouvrier qualifié gagnant davantage). Ce témoignage a autant de valeur que tous les articles dont nous sommes abreuvés sur la supériorité du système japonais quant à la productivité de la classe ouvrière, et au profit qu'on peut en tirer.

Que la formation et la qualification des travailleurs manuels changent avec les nouveaux procès de travail, cela prend aujourd'hui un relief particulier; mais il en a toujours été ainsi. La division technique du travail entre les ingénieurs et les ouvrières de production de la Silicon Valley va de pair avec une division sociale. Les différences entre travailleurs manuels selon les entreprises, l'âge, le sexe ou la nationalité, entérinent une division technique du travail qui a aussi un caractère social. Il ne peut y avoir une homogénéité générale de conditions de travail, comme l'a montré Andrew Friedman[34]. Quels que soient les dons et la psychologie des ouvriers, des conditions objectives, techniques et économiques, ont entravé la généralisation du taylorisme et aujourd'hui celle d'une modernisation souvent dite «post taylorienne». Le «capital variable» est nécessairement composé de salariés dont les modalités de travail ont des différences qualitatives. *Rien dans les faits ne ressemble à l'homogénéité des agents économiques privés sur un marché autorégulateur du travail.*

La dénonciation du «corporatisme» comme défense des intérêts particuliers d'une catégorie de travailleurs par rapport à une autre, est fondée sur une image qui reflète, en partie seulement, une réalité. Si le «marché du travail» ou des travailleurs existe sous forme d'expression du salariat capitaliste, les «offreurs» sont en concurrence les uns avec les autres. Que penser des «grèves bouchon» dans l'industrie automobile, quand une catégorie de travailleurs s'estime lésée *par rapport à une autre?* Ou des conducteurs du métro parisien, qui ne veulent pas que les chefs de train s'associent à leur mouvement de grève, ni que les autres travailleurs de la même entreprise aient les mêmes salaires qu'eux! Quant aux dockers de Bayonne, lorsqu'ils se sont solidarisés avec les marins affamés des bateaux à pavillon de complaisance, en refusant de décharger des «céréaliers», ils ont eu contre eux une manifestation de milliers de paysans à Pau, aux cris

34. Dans *Industry and Labour,* Macmillan, 1977, p. 47.

de «la terre aux paysans, les quais aux dockers»[35]. Les militants syndicaux et ceux qui veulent favoriser l'unité de classe des travailleurs, n'ont pas la tâche facile.

La discrimination selon le sexe, universelle, recoupe en partie la division des travailleurs. C'est particulièrement sensible au Japon dont l'exemple est souvent cité, tantôt comme modèle, tantôt comme repoussoir. Hiroatsu Nohara[36] montre que le secteur central du marché du travail industriel, quoique différent du secteur de sous-traitance et des travailleurs «périphériques», est lui-même *flexible*. Si l'on considère l'ensemble, la «population flottante» est de 14% et la population industrielle active est à 33% composée de *femmes* (dont, on l'a vu plus haut, le salaire atteint environ la moitié de celui des hommes). Le taux de rotation de la main-d'œuvre féminine est deux fois plus élevé que celui de la main-d'œuvre masculine. Le sexe et l'âge se combinent alors. Dans la grande industrie, où sont employées 22% de femmes (surtout dans la construction électrique et le textile), les trois-quarts de celles-ci (75%) ont moins de 30 ans. Il y a donc un «recyclage» qui se fait, après le mariage et les enfants, des grandes entreprises vers les petites. Pour les hommes, les grandes entreprises préfèrent aussi des travailleurs jeunes ou dans «la force de l'âge». Ceux qui ont plus de 55 à 57 ans sont trop vieux, mais ils doivent rester sur «le marché du travail» (ils le font à 80%) jusqu'à 65 ans, car les transferts sociaux sont relativement faibles (environ 12% du Produit national brut, contre 25% en moyenne dans les autres pays occidentaux). La retraite est payée sur une épargne-vieillesse. Le *salaire direct* a donc un rôle central, en relation avec le sexe et l'âge. Faiblesse de l'Etat-Providence au Japon. Quant à la flexibilité générale des salariés, même dans le cas de la seule main-d'œuvre masculine dans les grandes entreprises, on constate qu'elle est *intérieure à l'entreprise elle-même* et n'a aucune «valeur marchande» (pour le cas où le travailleur changerait d'entreprise). Ainsi la centralisation du capital des grandes entreprises est-elle accompagnée d'un cloisonnement industriel du marché du travail. Les syndicats reflètent cette situation, selon H. Nohara, en ce qu'ils n'ont pas de revendications «macro-sociales». Toutes les conditions objectives du «corporatisme» sont en place, et pourtant nul n'en accuse les ouvriers japonais, cités au contraire comme des modèles de discipline et de productivité, dans le reste du monde occidental !

35. Exemples donnés par des syndicalistes au cours d'une journée d'étude sur le «corporatisme» organisée par la revue *Travail,* avril 1983.
36. Dans «Dualité et unité du marché du travail industriel au Japon», *Revue économique,* nº 6, 1983.

En relation avec la conjoncture du début des années 1980, la catégorie des «jeunes» est particulièrement vulnérable au chômage, alors qu'elle est atteinte par une importante «déqualification», notamment en France, Grande-Bretagne, Italie, Espagne. Selon un rapport de l'OCDE paru à l'automne 1984, en France les demandeurs d'emploi âgés de 16 à 25 ans sont 44,9 % des chômeurs, alors que les jeunes ayant un travail sont 24,75 % de la population active employée. Ces chiffres devraient être confrontés avec ceux de l'évolution démographique ; on ne peut les comparer aux données japonaises, par exemple, dont la population a davantage vieilli (de 20 millions de moins de 25 ans en 1971 à 16 millions en 1981). Cependant le rapport de l'OCDE met l'accent sur la segmentation de la société, qui correspond à celle du marché du travail et se trouve aggravée du fait que certains sont «défavorisés par leur héritage social». Le système éducatif français est considéré comme un facteur de la fabrication de jeunes chômeurs. Plus d'un quart des élèves abandonnent leurs études en cours de scolarité (contre 14 % en Allemagne de l'Ouest). 44 % ont un diplôme de faible niveau ou pas de diplôme du tout. Le baccalauréat lui-même est dévalorisé (en 1975 15,8 % des bacheliers étaient ouvriers contre 4,1 % en 1962 et 37 % de bachelières étaient employées de bureau, contre 7,7 % en 1962). On peut noter au passage la contradiction de ce qui est demandé comme formation nouvelle aux ouvriers, puisque d'un côté on donne en exemple le cas des «ouvriers-bacheliers», de l'autre on y voit un signe de dépréciation du baccalauréat ! Quant aux jeunes ouvriers titulaires d'un CAP[37], et occupant un poste d'OS où de manœuvres au lieu d'être ouvriers qualifiés, leur pourcentage est passé de 29,6 % en 1962 à 41,9 % en 1975.

De cette analyse de l'OCDE, il ressort que le système scolaire de formation est inadapté en France par rapport aux besoins du capitalisme contemporain dans sa phase actuelle. Et que les jeunes ouvriers font partie du groupe des faibles et désavantagés, qui supporte «une part excessive de l'ajustement aux mutations structurelles». Les jeunes femmes sont les plus atteintes. Le «secteur de la sécurité» est celui des «catégories qualifiées, fortes et protégées». Analyse qui s'inscrit dans celle de la segmentation du marché du travail, de l'inégalité structurelle des «offreurs», dans une société «duale» qui traverse tous les milieux, y compris celui des ouvriers.

On peut encore ajouter à ces différences celles qui découlent de la nature du secteur d'activité, selon que celui-ci est exposé ou

37. Certificat d'Aptitude professionnelle.

non à la concurrence internationale. Ainsi L. Stoleru a-t-il fait une liste des secteurs qui subissent la guerre économique et des secteurs abrités à l'échelle de la nation. Il parle de «la France à deux vitesses», qui comporte d'un côté 4 800 000 travailleurs, dans l'énergie, la chimie, l'aéronautique, l'automobile subissant la pression du marché mondial, et de l'autre côté, près de 17 millions de travailleurs qui ne risquent pas la concurrence internationale et le chômage : fonction publique, banques, assurances, services marchands, télécommunications, bâtiment, électricité, matériaux de construction, agriculture, industrie agro-alimentaire. Ainsi, le travailleur protégé serait l'homme-blanc-Français-adulte-qualifié-syndiqué, et travaillant dans les télécommunications.

Mais ici l'arbitraire de cette distinction naît de son caractère excessivement tranché. Que l'on pense au développement de la concurrence internationale concernant les services et la plupart des autres activités comme le bâtiment qui subit à la fois la baisse de la demande intérieure et la difficulté accrue d'obtenir de gros chantiers à l'étranger : la liste des secteurs protégés est à revoir. *Tous* sont affectés par la crise, même les fonctionnaires dont le recrutement est tari et les traitements bloqués en 1983-1984 (dans d'autres pays, il y a licenciements et baisse des traitements). Cela ne supprime pas les différences de situation entre travailleurs; mais on devrait éviter de présenter celles-ci comme si la crise ne redistribuait pas *toutes* les cartes. Quant à l'intérêt pour la formation des jeunes Français manifesté par le rapport de l'OCDE, il ne permet pas de faire clairement le point sur ce que signifie la «déqualification» : est-il positif d'avoir des ouvriers-bacheliers, mais négatif d'avoir des bacheliers-ouvriers? En outre, la volonté de «tirer vers le haut» tous les travailleurs, sans discrimination, est contrariée par l'effet de *la crise,* qui les tire *tous «vers le bas».* La partie «protégée» du marché du travail est elle-même déstabilisée, quand il y a des millions de chômeurs. Qui aurait pensé, au début des années 1970, que l'entreprise italienne Fiat pourrait 10 ans plus tard licencier des milliers de travailleurs auxquels les acquis de grandes luttes semblaient avoir donné une sorte d'invulnérabilité?

La division du marché du travail américain, quant à elle, est favorisée par l'absence d'une législation analogue à celle qui existe en France et qui s'applique en principe à tous les travailleurs[38]. Cependant, quand une grande entreprise est sur le point de fermer (cas de Chrysler à la fin des années 1970), tous les travailleurs concernés

38. Cf. M. Debouzy, o.c.

sont «tirés vers le bas», qu'ils fassent ou non partie du segment «protégé» du marché du travail. Dans certains cas, la décision relève de la volonté des détenteurs de capital de délocaliser une partie de la production hors du pays. Ainsi les industries électroniques des Etats-Unis ont au Mexique 574 usines de montage (représentant 124 000 emplois).

Le chômage est certainement un phénomène inégalitaire. Il touche davantage les jeunes et les femmes (au Japon on dit que ce sont les femmes qui constituent «l'armée de réserve industrielle»). Par «groupes socio-professionnels salariés», les ouvriers sont les plus touchés puis les employés[39], par rapport aux cadres et aux «professions intermédiaires». La crise, «composante conjoncturelle du chômage», a un double effet. Elle est un miroir grossissant des inégalités. Par contre, elle affecte tous les salariés[40] et elle réduit la protection sociale au moment où celle-ci est la plus nécessaire. De ce point de vue, il apparaît que les corporatismes sont aujourd'hui avant tout *une des formes prises par la concurrence de crise entre ouvriers lorsque fait défaut une issue collective.*

L'expression qui a été employée en France, après 1981, de «gestion sociale» du chômage, a un caractère ambigu. Elle peut avoir une première signification, opposée à «une gestion sauvage», dominante au XIXe siècle, quand c'était l'assistance des communes ou la charité privée qui prévalaient. Dans le monde contemporain cette forme de gestion n'est pas morte : elle joue un rôle de complément, par exemple pour les chômeurs «en fin de droits», dont le nombre a augmenté avec la crise et les difficultés financières de l'Etat-Providence. En second lieu, la «gestion sociale» est opposée à «la gestion économique» du chômage, notion étrange puisqu'elle signifie en réalité la suppression du chômage.

S'il y a aujourd'hui des chômeurs qui manquent d'argent pour se loger et se nourrir, il n'y a plus de «marches de la faim», comme dans les années 1930 en France et en Angleterre. Selon certains auteurs, c'est une conséquence de la protection étatique, du «social-corporatisme» qui caractérise l'Etat-Providence, atteint d'une sorte d'anémie graisseuse. Alors que pendant la Grande Dépression on s'indignait d'apprendre que des stocks de nourriture invendable étaient brûlés, aujourd'hui le gâchis des «excédents agricoles» ne suscite pas de réaction particulière. Ni la réapparition des soupes populaires, qui sont sans doute le plus bas degré de «la gestion

39. Cf. J. Freyssenet, *Le chômage*, Editions La Découverte, Paris, 1984, p. 37.
40. Id., pp. 36-39.

sociale» du chômage. La France d'après 1981 n'est pas épargnée, notamment quand il s'agit de familles de travailleurs immigrés soumis à des «quotas» de toute sorte.

Un livre qui est un «best-seller» a dénoncé l'inégalité dominante en France, raison pour laquelle ce pays serait mal armé dans la crise. Dans le *Toujours plus* de F. de Closets[41] on apprend qu'il y a une dangereuse *«privilégiature»*. Les mineurs ne paient pas leur charbon, ni les employés d'EDF leur électricité; pas non plus les cheminots leurs voyages en train. Avantages des personnels à statut du secteur public, qui sont mis sur le même plan que ceux des notaires héritant leur charge et dénoncés comme tous les «droits acquis» dont la somme est coûteuse. Que l'impôt sur les grandes fortunes instauré après 1981 se soit réduit comme une peau de chagrin, que le capital-argent traverse le contrôle des changes comme si celui-ci était une passoire, peu importe : l'attention est fixée sur les avantages «corporatifs» des cheminots et autres travailleurs «privilégiés».

Ce n'est pas par souci d'égalité de tous devant la crise, mais au nom du respect de l'économie de marché que F. de Closets dénonce «la privilégiature». Il est favorable à l'inégalité, si celle-ci est moins coûteuse. «L'économie supporte mieux les très gros privilèges, très injustes, de quelques-uns, que les petits privilèges, moyennement injustifiés, d'un très grand nombre». Affirmation qui n'est accompagnée d'aucune démonstration. Illogisme : la défense du marché efficient au plan économique entraîne *la critique de toutes les rentes de situation, qu'elles soient «grosses» ou «faibles». Aucune n'est supportable, ou toutes le sont, si l'on croit à la régulation par le marché*, comme de Closets. De ce point de vue, «reconversions, chômage, faillites, constituent la physiologie et non la pathologie de la véritable économie de marché. La bonne politique permet de contenir ces perturbations dans des limites acceptables. Pas de les supprimer». Là encore, la logique fait défaut : une fois que la crise économique est acceptée comme un avatar naturel de l'économie de marché, il est en droit impossible de donner à l'intervention économique de l'Etat une justification et surtout de dire en quoi consisterait une politique sociale.

Le livre de F. de Closets, qui ne brille pas par la logique économique à laquelle il fait pourtant appel, est l'expression d'une tendance profonde, qui s'est développée avec la crise. Beaucoup d'auteurs pensent que le fractionnement «horizontal» de la société, l'affaiblissement de la solidarité entre gens de même condition, seraient à la

41. *Toujours plus!*, Grasset, 1982.

fois une cause et une conséquence du rôle de l'Etat-Providence, qui entretient diverses clientèles. Le «social-corporatisme» serait le véritable contenu de la politique sociale. Il est vrai que tout au long de l'histoire ouvrière, des catégories de travailleurs ont obtenu des avantages que d'autres n'avaient pas, comme les mineurs et les cheminots en France au XIXe siècle. Ces catégories relativement protégées avant les autres, en raison du caractère dangereux de leur travail, ont, selon Jaurès, plutôt eu un effet d'entraînement pour étendre la protection sociale à d'autres travailleurs. La question est de savoir si la différence est, ou n'est pas, signe de division et de privilège.

On peut alors inverser la critique de l'Etat-Providence faite au nom de la régulation par le marché, et montrer que *c'est la pression de la concurrence qui engendre des réactions «corporatistes».* Elle tend à faire de chaque travailleur un individu économique responsable des risques et des gains liés à son emploi. S'il touche moins que d'autres pour le même travail, ou s'il est licencié, il ne peut s'en prendre qu'à lui-même. Isolé, il ne peut rien. *La critique actuelle du corporatisme des syndicats vise le principe même de l'organisation d'un mouvement ouvrier de défense des travailleurs pris dans leur ensemble : elle entretient ainsi les réactions corporatistes qu'elle critique.*

Quand M. Albert écrit[42] que «le chômage coupe la France en deux», et que «le chômage des uns paie la sécurité des autres», il culpabilise non seulement les travailleurs à statut, mais tous ceux qui ont un emploi, même avec de bas salaires. A tort! Un fort chômage déstabilise tous les salariés, en faisant peser une concurrence «de crise», qui les divise en «strates». Les fonctionnaires ou les travailleurs à statut sont mieux protégés que les autres. Mais ils ne sont pas à l'abri. Il n'y a qu'à penser aux «dénationalisations» d'entreprises publiques opérées par le gouvernement conservateur anglais et qui donnent des idées à tous les dirigeants des pays ayant un fort secteur public. La masse des chômeurs peut atteindre une quantité critique qui rend fragiles les statuts des salariés jusque-là «protégés». On retrouve l'idée de la pression de l'armée de réserve sur les travailleurs en activité : cette fois non seulement sur le niveau des salaires, mais *sur les modalités de la division des travailleurs entre eux.* La segmentation du marché du travail change de forme au cours de la crise. Ce qui modifie aussi la façon dont les travailleurs se défendent.

Problème : pourquoi au cours de la crise actuelle, n'y a-t-il pas

42. O.c., pp. 176-177 et 184.

une résistance de masse, comme dans plusieurs pays occidentaux lors de la Grande Dépression? Est-ce en rapport avec ce qu'on appelle la «désindustrialisation» de ces pays? avec les modalités internationales de l'accumulation du capital, accentuées au cours des années 1970? Un New Deal à la Roosevelt, favorable (jusqu'en 1937) aux travailleurs américains, n'est pas, semble-t-il réalisable aujourd'hui dans le cadre accepté du «marché mondial». La semaine de 66 heures des jeunes ouvrières du groupe coréen Samsung[43] pèse indirectement sur la durée du travail des ouvriers dans les pays capitalistes développés. Comment la revendication de la semaine de 35 heures peut-elle aboutir en France, dans des formes décentes pour les travailleurs, si les frontières restent ouvertes? *Ou bien, sous le couvert de la «mobilité» du travail, il peut y avoir à terme une sorte de «re-prolétarisation» en France, ou bien les travailleurs de Corée du Sud obtiennent, avec le droit de se syndiquer, une semaine plus courte.* Un puissant appareil répressif veille pour le moment à empêcher cette seconde éventualité.

Quoiqu'il en soit, sous l'effet de la crise, des glissements se produisent *dans les «secteurs protégés» eux-mêmes*. Les exemples abondent, notamment aux Etats-Unis, où se produit une migration des entreprises vers des lieux dépourvus de syndicats. En raison de l'asymétrie entre le travailleur et l'employeur, comment reprocher à l'ouvrier la recherche du «me-too-deal» alors que les formes collectives de négociation sont délibérément évitées? Il en va de même pour l'Etat-Providence et la critique de la protection sociale, qui serait trop élevée dans un pays comme la France. Si cette protection qui favorise un certain consensus est mise en cause, comme se plaindre des «réactions corporatistes de défense des droits acquis»?

Il y a plusieurs critiques possibles du corporatisme. Celle qui se fait au nom de l'efficience du marché, a pour fonction de mettre en cause les améliorations de leur sort obtenues par certains des travailleurs. Mais la contestation va vite et loin. De la critique des statuts à celle des salaires directs «trop élevés», puis à celle des «avantages sociaux»: tout devient «rente de situation», contraire à l'égalité de principe des demandeurs d'emploi sur le marché du travail. Cette critique-là des corporatismes, qui se veut réaliste et moderne, est en fait rétrograde et fondée sur une conception fausse du marché.

43. Industrie électrique et appareils ménagers.

3. Assistés et dominés

La critique de l'Etat-Providence concerne aussi, très différemment, la *qualité* de celui-ci, par rapport aux travailleurs qui en bénéficient et aux prestations fournies. Ceux qui en usent trop et qui sortent du monde du travail pendant de longues périodes, voire définitivement, deviennent des «assistés», traités comme d'éternels enfants incapables de se prendre en charge. En outre, la qualité des prestations diminue, sous l'effet de la masse des demandeurs et de l'augmentation de la consommation, en particulier dans le cas de la médecine. On parle d'une utilisation des soins «dévoyée». L'anecdote de la vieille dame américaine entrée à l'hôpital pour une grippe et soumise à une batterie complète d'examens coûteux, a été rapportée dans le New-York Times, comme exemple d'une offre médicale privée de toute justification. Mais il est difficile de fixer une limite optimale, et les restrictions se font en général pour des raisons financières défavorables aux plus démunis. Dans leur livre *Regulating the Poor*[44], Piven et Cloward ont bien montré comment la gestion des pauvres par le système d'assistance publique américaine relevait de la régulation sociale qui contrôle les travailleurs. Mais quand le Président Reagan a comprimé ces dépenses publiques, les mêmes auteurs y ont vu[45] une atteinte aux droits acquis des travailleurs, signe de la collusion entre l'Administration Reagan et le Big Business, et intolérable! Ainsi la critique de la structure des dépenses de protection sociale dans la longue période, est-elle affectée par la conjoncture, quand une réduction de ces dépenses intervient sans alternative sociale pour les démunis et les laissés pour compte. Essayons de clarifier le débat.

a/ L'Etat-Providence a, *dès ses débuts,* comporté, dans des proportions variables selon les pays, assurance sociale (sur cotisations de la «population active»), *et* assistance. La combinaison des deux a varié dans l'espace et le temps et avec la conjoncture.

Ainsi l'indemnisation du chômage a-t-elle été instituée en Grande-Bretagne avant de l'être en France. Elle a toujours eu un caractère particulier. *Assurance,* certes, mais marquée par l'histoire des maisons de travail pour les pauvres et d'autres formes de l'assistance au XIXe siècle. Elle est insuffisante pour les chômeurs de longue durée (sur 3 millions en 1982, 1 million était sans emploi depuis plus d'un an)

44. Tavistock Publications, 1971.
45. Cf. *The New Class War,* Pantheon Books, 1982.

et le niveau des allocations est peu élevé. En 1960 avait été instauré un système d'«indemnités supplémentaires»; perçues en 1961 par 21 % des chômeurs, elles l'étaient par 53 % d'entre eux en 1982. Ce recours à l'assistance comme complément de l'assurance s'est accompagné d'un contrôle accru des chômeurs, écho contemporain de la tutelle sur les pauvres du XIXe siècle. La sélection des chômeurs dignes d'être assistés se traduit dans de nombreux cas par la suppression, temporaire ou définitive, des indemnités supplémentaires. Selon X. Greffe, les chômeurs de longue durée qui sont considérés comme abusant de leur situation, sont placés devant l'alternative suivante : perdre les indemnités, ou aller travailler pour une durée limitée dans des «re-establishment centers». On comprend le mot d'ordre des mineurs anglais pendant leur grève de 1984-1985 : «Coal, not Dole».

Or, l'assistance publique n'est pas mieux vue que l'assurance sociale par les tenants de l'économie de marché, qui critiquent l'une après l'autre. On a vu que J. Rueff reprochait au système anglais de l'assurance-chômage de créer des chômeurs. Dans la même perspective, des économistes et des sociologues se sont demandé si les pensions de vieillesse ne décourageaient pas l'épargne volontaire des jeunes; si l'indemnisation des accidents du travail ne risquait pas d'augmenter le nombre de ceux-ci, sans compter qu'elle favorisait «le plus maladroit, le plus imprévoyant, le plus négligent» des ouvriers, «celui qui sera l'unique cause de son malheur» *(sic)*. Quant à l'assistance aux familles à charge d'un seul parent (cas aux Etats-Unis de nombreuses familles noires dont la mère reste seule), certains pensent qu'elle encourage la séparation et l'instabilité familiale. L'assistance aux pauvres encouragerait ceux-ci à venir dans les villes américaines les plus généreuses. Les effets pervers de la protection sociale sont, dans tous ces cas, jugés comme «contre-productifs» économiquement. Déjà Malthus, au début du XIXe siècle, critiquait les lois anglaises sur les pauvres en disant qu'elles créaient les pauvres qu'elles aidaient. Et pourtant, de quelle assistance il s'agissait! Tout lecteur de Dickens comprendra.

b/ D'autres courants de pensée (qui se situent ou sont parfois perçus comme «à gauche») critiquent aussi la protection sociale, dans une perspective différente de celle des tenants du marché : celle de la mutilation des individus, de leur «infantilisation», à l'intérieur de «la société industrielle». Au cours des années 1970, Ivan Illitch a critiqué cette société qui produit non seulement des marchandises, mais des producteurs et des consommateurs aliénés, dépendant d'une organisation de la société qui leur est extérieure. Le règne de la valeur d'échange est opposé à celui des valeurs d'usage *non marchandes* qui seraient produites par les individus en fonction de leurs besoins et de leurs désirs. Utopie qui avant l'aggravation de la crise a eu un grand succès. Au travail salarié, mis en cause par le chômage, est opposée l'idée d'une activité «auto-déterminée» effectuée «non pour de l'argent mais en raison de l'intérêt, du plaisir ou de l'avantage qu'on y trouve»[46]. La critique de l'Etat-Providence est sévère. Car la prise en charge des individus par l'Etat, même liée à une certaine redistribution des revenus, est considérée comme le prolongement d'un salariat lui-même aliénant. «Le droit au «revenu social» (ou «salaire social») n'abolit partiellement le «travail forcé salarial» qu'au profit d'une rémunération ne correspondant pas à un travail. Il remplace, ou complète, selon le cas, l'exploitation par l'assistance, tout en perpétuant la dépendance, l'impuissance et la subordination des individus vis-à-vis du pouvoir central. Cette subordination ne sera dépassée que si l'autoproduction des valeurs d'usage devient une possibilité réelle pour tous»[47]. La critique du salariat industriel s'étend à la protection sociale, qui n'en est qu'une extension. Elle est en même temps une critique des *travailleurs* passivement soumis au système, réduits à des résistances de caractère infantile[48] et conduits à demander une prise en charge par l'Etat.

L'on trouve ici une autre forme de la critique formulée contre la protection dite sociale, mais qui serait en réalité étatique et «bureaucratique». Selon Gorz elle est liée à la survivance d'une classe prolétarienne dans une société en décomposition sous l'effet de la révolution post-industrielle. A laquelle est opposée «une non-société», «c'est-à-dire le prélèvement sur la sphère sociale d'une sphère de souveraineté individuelle soustraite à la rationalité économique et aux nécessités extérieures»[49]. Justification d'une société dualiste, où la sphère marchande et celle de l'Etat seraient réduites au minimum, mais impossible à supprimer.

Toute la démarche, inspirée par des vestiges de l'idéologie de mai 1968, est fondée sur la substitution à la notion de classe sociale de celle des individus capables de se déterminer de façon autonome. Contre le modèle du marché efficient, à la différence de l'idéologie orthodoxe, mais aussi contre l'idée marxiste d'une domination éco-

---

46. A. Gorz, *Adieux au prolétariat,* Préface de 1980, p. 11.
47. Idem, p. 12.
48. Comme le sabotage du travail, pp. 59-60 du même ouvrage.
49. Id., p. 115.

nomique et sociale du capital. Selon la description faite par A. Gorz, on pourrait dissocier l'Etat de la domination d'une classe et de celle des «grands appareils capitalistiques». Rien n'est dit sur la liaison entre salariat et profit, Etat et complexe «militaro-industriel». Ce qui est évidemment la voie la plus courte pour faire des «adieux au prolétariat» et construire l'utopie de l'avènement «d'une non-classe» d'individus porteurs de l'avenir. L'utopie peut être sympathique, mais elle a été détruite à l'épreuve de la crise du début des années 1980.

Un des axes principaux de la critique de la protection sociale sous sa forme actuelle est son caractère «infantilisant», son «acharnement assistanciel», qui perpétue l'aliénation des individus bénéficiaires. Ce sont alors à la fois les normes, les structures et la dimension (le «gigantisme») de cette protection qui sont mises en cause. La prise en charge complète d'une famille pauvre, à laquelle sont fournis des moyens de subsistance, une protection médicale, la scolarisation des enfants, renvoie à un énorme système d'assistance, qui fonctionne selon les mêmes règles pour tous. En conséquence, les membres de cette famille n'ont aucune raison de se prendre en charge, d'accéder à une certaine autonomie, non seulement de leurs moyens, mais de leurs besoins et de leurs désirs. C'est en ce sens (différent de celui de l'orthodoxie du marché), que *l'assistance risque d'engendrer des assistés*. Elle risque en outre de déboucher sur «un fichage de la pauvreté» par des moyens informatisés qui donnent le détail des situations de famille, et sur «un contrôle social excessif», lui-même dépendant du bon vouloir de l'administration[50]. «Infantilisation», «médicalisation», sont alors critiqués comme des techniques particulières de pouvoir sur «des familles à risque».

Selon J. Donzelot, le développement du travail social en direction des enfants à la fin du XIXe siècle, a débouché sur «un gigantesque complexe tutélaire», englobant, outre la pré-délinquance (environ 150 000 enfants), l'Aide sociale à l'enfance (650 000) et une bonne partie de la psychiatrie infantile. «C'est l'appareil qui fabrique ses délinquants, puisque ceux qui passent du registre tutélaire au registre pénal et qui constituent une grande partie des délinquants adultes ont été ainsi préalablement testés comme réfractaires à l'action normalisatrice»[51]. Tout un courant critique à l'égard de l'Etat-Providence est fondé sur la production de contrôle social par

50. Cf. «Fichage de la pauvreté ou prévention sociale», article de G. Herzlich, *Le Monde,* 25-26 novembre 1984.
51. *La police des familles,* Editions de Minuit, 1977.

83

l'administration, inséparable de l'assistance. Sous des formes brutales, comme les maisons anglaises pour les pauvres au XIXe siècle, sous des formes douces mais contraignantes comme la «médicalisation» des assistés. La combinaison, au cours des années postérieures à la deuxième guerre mondiale, de l'extension de la prise en charge médicale et de l'assistance sociale, n'a fait que renforcer une tendance profonde existant déjà et qui explique la critique de la finalité de la protection sociale; celle-ci tend à fabriquer des individus ayant une mentalité d'assistés : les enfants qui se rebellent contre les normes imposées, sont classés comme «mauvaises têtes», et en quelque sorte attendus comme délinquants. Selon J. Donzelot, quelle que soit la conjoncture, crise économique ou non, le système fonctionne et s'adapte.

Le courant critique hostile au contrôle administratif qui cherche à «normaliser» les assistés, met en garde contre un quadrillage des populations qui suscite les maux auxquels l'assistance est censée remédier. Il est tout à fait vrai que le chemin est très étroit, s'il existe, entre une prise en charge comme forme de contrôle social et une assistance aux familles démunies. L'ambiguïté de l'aide sociale est réelle. Cependant son extension ou même son maintien sont surestimés par J. Donzelot, quand il parle de «la circularité fonctionnelle entre le social et l'économique, Freud comme Keynes». *Si Keynes est remplacé par M. Friedman,* en temps de crise, on ne peut pas faire abstraction de la conjoncture pour boucler le circuit. Or, au début des années 1980 *«le social» se déprécie pendant que le monétaire (le dollar) s'apprécie.*

En même temps, la relation entre le «public» et le «privé» se modifie, d'une façon qui n'est pas neutre par rapport au «social». La domination de l'idéologie du marché efficient et des individus «performants», s'accompagne d'une critique de l'aide publique aux assistés. La diminution de celle-ci s'effectue alors que son contrôle devient beaucoup plus serré. En même temps que la chasse aux «faux chômeurs» est ouverte, les «vrais chômeurs» sont de nouveau considérés comme des inadaptés sociaux. Le Conseil municipal de Paris (dominé par le parti de J. Chirac), a même décidé, en novembre 1984, de supprimer l'accès aux crèches des enfants de chômeurs. Il a aussi introduit une distribution sélective de certaines prestations aux familles, selon qu'elles sont françaises ou étrangères. C'est là ce qui se passe en France, où il est admis que la protection sociale était, avant la crise, une des plus étendues (taux le plus bas de mortalité infantile). Aux Etats-Unis, où elle a constamment été plus faible, sa compression a des effets dramatiques. Elle n'affecte pas seulement l'assistance, mais l'assurance. Ainsi le «plan de pension», qui concerne ceux qui ont travaillé et cotisé pendant un certain nombre d'années, peut ne pas donner lieu au versement d'une retraite, comme on l'a vu plus haut[52]. «Un salarié vend son travail pour obtenir un gagne-pain, ce qui ne constitue pas un placement pour l'avenir» a décidé la Cour suprême contre l'avis d'une Cour d'appel considérant «le plan de pension» comme l'équivalent d'un «contrat d'investissement». Autre exemple : à New York, des mesures ont été envisagées pour mettre au travail les bénéficiaires de l'assistance au chômage en bon état physique, mais incapables de garder un emploi[53]. Ces hommes ne doivent pas prendre une mentalité d'assistés, contraire aux valeurs américaines. Beaucoup d'autres cas montrent que «l'ascension du social» dont a parlé G. Deleuze, n'a rien d'irrésistible.

Quand l'assistance sociale devient une question de survie, en cas de fort chômage mal couvert par l'assurance, le paternalisme de l'Etat conserve son caractère normatif, mais devient plus répressif et sélectif. Les appels à la solidarité (en fait surtout à la charité privée), vont de pair avec l'évocation des contraintes financières pesant sur l'Etat et sur les entreprises. Certains ont proposé des réformes. Tel Alain Minc[54], selon lequel il y aurait deux grandes éventualités :

1 / Celle d'une augmentation du prélèvement sur tous les ménages avec le maintien du système actuel de prestations ;
2 / Celle d'une réduction des prélèvements obligatoires.

Dans ce deuxième cas, il y aurait trois sortes de régime :

a/ une couverture générale des grands risques pour tous ;
b/ une protection sociale des seules catégories les plus modestes ;
c/ un régime d'assurance pour les plus aisés.

La·perspective nº 1 est, selon A. Minc, en apparence la plus «sociale», mais en réalité la plus conservatrice, puisqu'elle maintient les privilèges des plus fortunés qui bénéficient des mêmes prestations que les autres. Par contre, la seconde solution, sous des apparences «rétrogrades», serait en fait la plus «égalitaire». En dehors des «grands risques», chacun aurait une forme de protection «adaptée à ses moyens». La perspective d'A. Minc est celle de l'éclatement

52. Cf. p. 54 de ce chapitre.
53. *New York Times,* 19 octobre 1980.
54. Dans la revue *Le Débat,* 7 octobre 1980.

85

du régime d'assurance sociale à la française, en deux parties : l'une qui tire vers l'assistance publique, pour les bas revenus, l'autre qui s'oriente vers l'assurance privée, pour les catégories plus aisées. Tel serait la bonne «dualité».

S'il faut émettre un jugement sur ces propositions, disons que la solution n° 2 (qui a la faveur d'A. Minc) est réalisable seulement si elle se fait au détriment des catégories les plus modestes. Après 1981, en France, on a vu à la fois une augmentation de la pression sur tous les revenus (prélèvement de 1 % pour la Sécurité sociale sur tous les revenus soumis à l'impôt, versement par tous de 20 francs, ou davantage, par journée d'hospitalisation, mesures «égalitaires» relativement faibles pour les revenus importants, mais lourdes pour les autres). Il y a eu une diminution relative de la protection sociale des catégories dites «les plus modestes», en même temps qu'une forte incitation à des formules d'assurance privée. Si la seconde éventualité envisagée par A. Minc n'a pas été mise en œuvre, c'est que la Sécurité sociale à la française, tout en ayant été une des plus avancées pendant la période de croissance, a toujours comporté des aspects «inégalitaires» qu'il suffisait d'accentuer. Aussi, évolue-t-elle par déformations successives, aggravées par les mesures de crise, mais sans être rejetée par les catégories aisées dans la mesure où celles-ci en profitent.

Que l'Etat assure l'ordre social, c'est-à-dire le maintien de l'ordre de classe dominant, la plupart des critiques de gauche ou radicales (au sens américain) sont d'accord là-dessus. Mais la question est de savoir comment, de quelle façon les choses se passent quand il ne s'agit pas des institutions qui par nature «fonctionnent à la répression» (comme l'écrivait L. Althusser) c'est-à-dire la police, l'armée, la justice. L'activité redistributrice de l'Etat limite en principe les inégalités sociales, puisque tous les «ayants-droit», quelle que soit leur origine de classe, peuvent mettre leurs enfants à la crèche (moyennant un versement proportionnel à leurs revenus), doivent envoyer ceux-ci à l'école publique gratuite, les font examiner dans les centres de protection maternelle et infantile («PMI»), etc. Pourtant, des études sociologiques montrent que les inégalités entre classes ont été entretenues par l'usage des équipements collectifs disponibles pour tous. «Tous les transferts sociaux s'effectuent à rebours»[55], car «ce sont toujours les catégories les plus favorisées qui profitent le plus de ces transferts». Derrière l'égalitarisme des intentions et le

55. Cf. Ch. Baudelot, R. Establet, J. Toiser, *Qui travaille pour qui?*, Maspéro, 1979, p. 159.

principe de l'ouverture à «tous», une sélection de classe s'opère, qui trie les bénéficiaires de telle sorte qu'au lieu d'être atténuées, les inégalités sociales sont aussi un produit de l'usage des équipements collectifs. L'école française, gratuite, laïque et obligatoire, agit comme un filtre, la hiérarchie scolaire reproduit la hiérarchie sociale, à l'exception de quelques boursiers géniaux toujours cités en exemple. D'après Donzelot les belles écoles publiques anglaises destinées aux pauvres sont utilisées par les riches, alors que les premiers se retrouvent dans les écoles paroissiales. Des hôpitaux publics français ce sont les catégories sociales les plus aisées qui profitent le plus, et il en va de même des maisons de la culture, des musées, des centres sportifs. Cela ne veut pas dire que les catégories populaires soient exclues de tout. «Mais le mécanisme à l'œuvre est identique à celui qu'a fort bien analysé l'historien socialiste Tavernier à propos de l'Office du Blé en 1936 : pour donner le minimum aux plus défavorisés, il faut donner le maximum aux plus favorisés» [56].

La protection sociale, sous la forme qu'elle a en France, relève de la même perspective, selon la conception des auteurs cités ici. Non seulement les équipements collectifs profitent le plus aux plus favorisés, mais il en va de même de la Sécurité sociale à la française. «Immense conquête sociale, la Sécurité sociale assure le remboursement total ou partiel des soins médicaux. Mais on est obligé, en France, de recourir à cette organisation, ainsi qu'aux mutuelles et autres caisses de maladie, parce que la *médecine n'est pas gratuite*» [57]. Les soins médicaux sont principalement délivrés par des médecins exerçant de façon «privée» et faisant payer à l'acte, selon les tarifs qui servent ensuite d'étalon au remboursement de la Sécurité sociale. Une parenthèse : les auteurs n'examinent pas l'expérience anglaise de «médecine gratuite» et le type de rationnement qu'elle crée (files d'attente) qui est l'objet de commentaires ne faisant pas tous preuve de l'humour britannique. D'autre part, on y reviendra, leur texte est antérieur aux restrictions de crise en France.

«Petit morceau de l'appareil d'Etat, la Sécurité sociale a pour fonction de perpétuer *le compromis politique et social* conclu à la Libération entre les patrons, l'Etat, les médecins et les travailleurs» [58]. La protection sociale à la française a un double aspect : reproduction des inégalités entre les catégories sociales; atténuation de celles-ci

56. Id., p. 167.
57. Id., p. 163.
58. Id., p. 164.

dans la mesure où des couches populaires ont accès à des consommations dont elles avaient été exclues jusqu'à présent, et à une moindre insécurité en cas d'accidents du travail, de maladie, de chômage. L'amélioration des conditions de vie des travailleurs se fait au prix d'un compromis de classe, maintenant la domination du capital et les privilèges des plus favorisés. *Compromis instable* par nature, de façon permanente et sous l'effet des changements de la conjoncture.

On peut avoir un aperçu du maintien structurel de l'inégalité et de la relative fragilité du compromis, en voyant l'usage qui est fait des équipements collectifs. Quand ceux-ci sont massivement utilisés par les couches populaires, ceux qui en ont les moyens tendent à s'en détourner et à utiliser par exemple des cliniques privées. En France, certaines consultations de dispensaires, fréquentées il y a quelques années par des familles françaises, voient maintenant principalement des familles de travailleurs étrangers, les plus défavorisées. C'est aux Etats-Unis, dans le cas des équipements scolaires, que la désaffection vis-à-vis des écoles publiques fréquentées par des enfants noirs est la plus spectaculaire. Mais elle se produit aussi en France, «la baisse de qualité» au-dessus d'un certain seuil étant invoquée.

D'autre part, la pression de la conjoncture affecte la signification et la portée des systèmes de protection sociale. Désertés avant la crise par les plus favorisés, certains équipements sont condamnés par elle. Même si le «peu» d'avantages était le lot des couches populaires, il était supérieur au «rien» qui résulte de «l'assainissement financier» dont parlent les experts. La brutalité de la conjoncture de crise tend à restaurer, dans certains cas, une condition prolétarienne. Des contraintes financières («restauration des grands équilibres») et économiques («compétitivité internationale») font pression à la baisse des salaires directs et indirects et à la hausse de la fiscalité des «ménages» (les entreprises étant protégées pour encourager la production). La déconnexion entre «l'économique» et le «social», caractéristique de l'idéologie orthodoxe, rend le second vulnérable, et affecte surtout les plus défavorisés.

L'Etat-Providence est dès l'origine une figure particulière de la domination sociale sur les classes laborieuses. Classes dangereuses, dont les mouvements subversifs sont soumis à ce que certains appellent «normalisation des individus», «médicalisation», ou à ce que d'autres désignent comme un compromis. *Cependant, il est mis en cause de l'intérieur,* par la critique de ses effets (mauvaise qualité des prestations, caractère incontrôlable de son extension). *Et atteint de l'extérieur,* par son coût financier jugé insupportable en période de crise. L'idéologie économique s'en mêle et rappelle que les équilibres de marché sont violés, si «la santé n'a pas de prix». Elle considère que les examens et les soins devraient être traités comme des biens rares. Il y a rupture de «la circularité fonctionnelle entre le social et l'économique» dont parle Donzelot — sans oublier que ce caractère «fonctionnel» a toujours été instable. La déconnexion des deux au début des années 1980 renvoie à l'idée générale qu'en période de fort chômage, la main-d'œuvre est surabondante, alors que l'argent paraît être «rare». D'où l'application plus stricte de critères financiers, dissociés de toute innovation réformiste. L'idée du retour vers une plus grande autonomie des individus et des familles, qui doivent «se prendre en charge», s'accompagne non d'une suppression de l'assistance, impossible, mais de la diminution de son montant public. Et elle met en cause l'assurance publique elle-même. De vieilles images sont repeintes de frais : celle de l'inadapté chronique, survivant grâce à la charité, ou celle de l'entrepreneur qui prend des risques, innove et exporte dans le monde entier. L'idéologie du «marché efficient» a toujours affecté le compromis social représenté par l'Etat-Providence. Mais elle gagne de larges masses de citoyens pendant la crise contemporaine, alors qu'aucune alternative sociale n'est proposée.

Ainsi, sous la couverture séduisante d'une libéralisation, voire d'une libération des individus de la tutelle étatique, c'est une forme de contrainte beaucoup plus brutale qui tend à se mettre en place, dit E. Balibar en commentant les analyses qui précèdent. Le marché pur du travail, comme confrontation des acheteurs et des vendeurs d'une force de travail homogène, n'a jamais existé : mais au nom de cet idéal, ce sont en fait ses clivages et ses exclusives traditionnels qu'il s'agit de renforcer.

89

Chapitre III

LES CONTRADICTIONS
DE LA MONNAIE

La plupart des théories économiques laissent de côté la monnaie et partent des phénomènes économiques dits «réels» : production, emploi, consommation, épargne. Quand la monnaie est introduite, c'est grâce à une théorie quantitative, dont la forme varie avec le changement des structures monétaires, mais dont le contenu reste le même[1]. Ainsi l'inflation, comme hausse du niveau général des prix, est-elle le plus souvent attribuée à un excès de monnaie en circulation par rapport aux biens disponibles : «trop de monnaie, pas assez de biens»[2]. L'introduction d'une demande de monnaie, ou d'«encaisses réelles»[3], complète la conception quantitative, sans la mettre en cause. C'est particulièrement clair dans le cas du *monétarisme* développé par Milton Friedman[4]. Cette doctrine, après avoir triomphé des idées keynésiennes pendant la seconde moitié des années 1970, garde une forte influence.

Son idée dominante est de *neutraliser la monnaie,* facteur possible de désordre si la quantité émise est trop abondante (ou insuffisante) par rapport à la demande. Ainsi, l'inflation est-elle conçue

1. Cf. S. de Brunhoff, *L'offre de monnaie,* Maspéro, Paris, 1971.
2. Cf. D. Jackson, H.-A. Turner et F. Wilkinson, *Do Trade Unions cause inflation ?,* Cambridge University Press, 1972, pp. 11-12.
3. Cf. Don Patinkin, *Money, Interest and Prices,* Harper and Row, 1965.
4. Cf. David Laidler, «Monetarism : An Interpretation and an Assessment», *The Economic Journal,* mars 1981.

comme un phénomène purement monétaire, et de court terme, alors que dans le long terme la monnaie est «un voile». On a vu plus haut que la fonction de circulation de la monnaie est privilégiée par le monétarisme, qui en cela est *la forme contemporaine de la théorie quantitative*. Selon cette doctrine, la monnaie devrait être «neutre», comme s'il n'y avait pas de monnaie du tout. C'est «le monétarisme sans monnaie», incapable d'expliquer les prix particuliers que sont le taux d'intérêt et le taux de change, en même temps que réducteur des fonctions de la monnaie de crédit contemporaine.

La critique qui en est présentée ici a pour fondement l'idée que *l'économie capitaliste est d'entrée de jeu une économie monétaire*. C'est le capital-argent qui met en mouvement le procès de production. Les salaires versés sont des revenus monétaires et non des biens physiques : l'argent perçu par les salariés achète une partie du produit net créé par le travail. L'autre partie de ce produit a la forme de ce que Marx appelle la plus-value, somme d'argent réalisée par la vente des marchandises produites et appropriée par le capital. Dans ce contexte, la monnaie n'est pas seulement une unité de compte et un moyen de circulation ajouté à l'économie réelle. Son usage généralisé est caractéristique des rapports économiques capitalistes. Echappant à la platitude quantitative, elle a un fonctionnement complexe. L'analyse peut concevoir une *monnaie unique, pour en définir* la nature, par rapport à la marchandise et au capital. Elle doit cependant montrer comment s'articulent *les diverses fonctions de la monnaie* [5]. En outre, quel que soit le régime institutionnel, étalon-or du XIXe siècle ou monnaie «inconvertible» contemporaine, le principe monétaire s'exprime toujours à travers une *pluralité de monnaies*.

Monnaie des banques dites de second rang et monnaie émise par la Banque centrale, dans un pays. Monnaies nationales diverses, dollar, mark, franc, rouble, dans l'économie internationale. Entre ces formes concrètes joue ce que nous appelons ici (dans le point II de ce chapitre) une *«centralisation conflictuelle»*, inhérente à la façon dont la monnaie agit.

I/ Le monétarisme sans monnaie

1. L'équation quantitative

Selon les conceptions quantitatives de la monnaie, dont le

5. Cf. chapitre I, pp. 44-46.

monétarisme de Friedman est la version contemporaine la plus répandue, toute augmentation de l'offre de monnaie par l'Etat ou les banques peut, si elle n'est pas demandée par les agents privés pour leurs transactions ou leurs encaisses, se traduire par une hausse des prix monétaires. L'équation de base, quels que soient les raffinements apportés par la théorie de la demande de monnaie et par celle des anticipations, reste celle qu'a formulée I. Fisher[6] : $M.V = P.Q$. C'est-à-dire : masse monétaire M multipliée par vitesse de circulation de la monnaie V = prix P du produit Q. Si par hypothèse V et Q sont stables, toute augmentation de M se traduit par une hausse de P. La relation est à *sens unique : elle va de M vers P et jamais de P vers M.*

Cette théorie est facile à comprendre, en ce qu'elle inclut dans M les divers types de monnaie : monnaie centrale (or, du temps de Fisher, et billets émis par la Banque centrale) et monnaie bancaire (dépôts à vue). On peut y ajouter tous les types nouveaux de monnaie, cartes de crédit, monnaie électronique, sous réserve de calculer des vitesses de circulation appropriées. *Le crédit* est saisi à travers la monnaie de crédit en circulation, ce qui donne le rôle dominant à la «masse monétaire» M. La «demande de monnaie» est figurée par «$P.Q / V$». P étant le niveau général des prix monétaires (ou «nominaux»), il n'y a rien qui puisse l'affecter en dehors d'un changement de la quantité de M. Tout ce qui définit les prix monétaires se trouve dans M, à la différence des «prix relatifs» qui sont ceux des produits les uns par rapport aux autres.

Pour que cette conception de la monnaie soit applicable au plan international, il faudrait qu'il y ait un stock de monnaie nominale émis par un système bancaire coiffé par une Banque centrale. Quand on sort de l'espace national, il n'y a donc que trois possibilités : ou bien il n'existe pas de monnaie internationale et les monnaies nationales se confrontent sur des marchés de changes; ou bien il existe une monnaie de référence, formée d'une ou plusieurs monnaies nationales. Ou enfin, l'on construit un stock de monnaie internationale constitué par agrégation des masses monétaires nationales (ce qui n'est toutefois possible qu'en utilisant une unité de compte commune, point que l'on verra plus loin).

Yeager a aménagé l'équation des échanges[7], en introduisant les prix des produits extérieurs :

$$M.V = P_d \cdot T_d + P_i \cdot T_i$$

6. Dans *The Purchasing Power of Money,* Macmillan, New York, 1911.
7. Cf. *International Monetary Relations,* par L.-B. Yeager, Harper, 1968, pp. 181 et suiv.

La partie gauche de l'équation reste la même; dans la partie droite, aux prix P_d et produits T_d domestiques, sont ajoutés les prix P_i . T_i, prix des produits extérieurs importés dans le pays. Par hypothèse, M.V est stable.

S'il y a une hausse des prix des produits internationaux, P_i, elle ne peut être absorbée que par une baisse de T_i (baisse des importations) ou une baisse de T_d (diminution de la demande intérieure) ou une baisse des prix domestiques P_d. Ainsi s'opère un changement des prix «relatifs», correspondant à un nouvel équilibre des marchés et donc à une modification de la consommation et de l'investissement domestiques. On peut prendre l'exemple du quadruplement du prix du pétrole importé, qui induit des ajustements «réels». C'est-à-dire que la monnaie *reste neutre*. Peu importe qu'il s'agisse de dollars, de francs ou d'or, puisqu'il n'y a pas de variation d'ensemble à la hausse des prix nominaux sous l'effet d'une variation de la quantité M. Les prix P_i qui augmentent relativement aux prix P_d peuvent être libellés dans n'importe quelle monnaie puisqu'ici ce qui compte est seulement leur niveau par rapport à celui de P_d (prix domestiques). Ils n'ont *aucun effet en retour sur M. V*. Dans ce cas, il y a un stock de monnaie nationale, mais dont le statut est indifférent par rapport à celui d'autres monnaies nationales.

Les choses ne changent pas radicalement si l'on introduit les variations respectives des monnaies nationales les unes par rapport aux autres, tout en conservant l'équation des échanges (M.V = P.Q). Ainsi procède *M. Friedman*[8], en éliminant l'hypothèse d'une monnaie internationale et en considérant la façon dont les monnaies nationales se confrontent sur le marché des changes. S'il n'y a pas de changes fixes, décidés et gérés par les Etats, seuls les agents privés interviennent sur ce marché où ils vendent par exemple des francs pour obtenir des dollars. Le taux de change du franc contre le dollar est alors considéré aussi comme un prix relatif, dont le niveau dépend des offres et demandes des agents privés.

Ainsi le prix du dollar en francs augmente s'il y a demande excédentaire de dollars par rapport à la demande de francs, et quel qu'en soit le motif (désir d'acheter des voitures américaines ou des bons du Trésor des Etats-Unis, ou une entreprise américaine). Cette «demande excédentaire» de dollars n'a de sens que par rapport à un état initial d'équilibre, quoiqu'il soit impossible de donner un chiffre indiquant quel est le taux de change d'équilibre. Quand le dollar s'ap-

8. Cf. «The case for flexible exchange», dans *Essays in Positive Economics*, Chicago, 1953.

précie en francs (il faut *plus* de francs pour acheter la *même* quantité de dollars que pendant la période précédente), comme tout se passe entre agents économiques privés, selon M. Friedman, il n'y a pas d'augmentation de la quantité globale de monnaie (dollars et francs), mais seulement redistribution des quantités existantes. C'est pourquoi le marché des changes est ici assimilé à un marché financier des monnaies considérées comme des actifs : il s'y fait une *redistribution* d'un stock total de monnaies, donné par ailleurs.

L'effet ne s'en fait sentir que sur les prix relatifs en francs ou en dollars. Une demande excédentaire de dollars par rapport au franc a pour effet de faire monter les prix en dollars des biens achetés par les Français; ceux-ci sont alors incités à diminuer leurs importations de biens américains et à augmenter leurs exportations vers les Etats-Unis. Ce qui a pour effet, selon M. Friedman, de résorber la demande excédentaire de dollars et de permettre au taux de change du dollar de retrouver son niveau initial d'équilibre par rapport au franc.

L'introduction des monnaies nationales et de leur taux de change les unes par rapport aux autres, n'a ainsi rien apporté par rapport au cas précédent, celui de l'équation des échanges complétée par la prise en compte de la hausse des prix des biens internationaux ou étrangers, $M.V$ étant considéré comme stable. La hausse de P_i enregistre une hausse du dollar par rapport au franc sur le marché des changes. Elle ne correspond pas à une hausse des prix américains pour les citoyens des Etats-Unis qui détiennent des dollars dont le pouvoir d'achat *intérieur* reste le même; c'est pourquoi Milton Friedman compare le changement de parité du dollar à celui de l'heure d'été, simple modification d'unité de compte sans effet sur les prix relatifs des produits. Un effet temporaire de déséquilibre de la balance commerciale se produit pourtant, comme l'indique la baisse des importations françaises de produits américains, et la hausse des importations américaines de produits français. Mais ce déséquilibre de la balance commerciale a un caractère *«auto-correcteur»* («self-correcting»), dans la perspective de M. Friedman : quand les Américains n'ont plus assez de francs français ou que les étrangers ont trop de dollars, les flux s'inversent nécessairement.

Ainsi l'effet de la variation du taux de change, s'il est considéré à l'intérieur de l'équation élargie des échanges, apparaît comme l'effet provisoire d'un changement *a-monétaire*. La quantité globale de monnaie étant donnée (et «connue» si l'on intègre les anticipations), il n'y a pas de réaction de la demande de monnaie globale qui engendrerait une variation des prix P et P^* (ou P_d et P_i) selon l'équation quantitative. La modification qui intervient provisoirement dans un pays donné concerne *le rapport* entre prix intérieurs et prix extérieurs et le taux de change, mais sans jamais remonter des prix à la quantité de monnaie (de P à M).

2. La monnaie comme étalon des prix. Le problème du taux d'intérêt

Même si les «prix relatifs» («réels») sont les seuls qui aient une importance économique, dans le monde néo-classique, ils s'expriment en unités monétaires. On ne peut pas ajouter une baguette de pain et un journal, mais seulement le prix de l'une (3 francs) et le prix de l'autre (4 francs). Cela veut dire que le franc sert de monnaie commune à toutes les marchandises en circulation à l'intérieur de l'Etat-nation. Il est commode d'admettre que le moyen de circulation est aussi celui qui sert d'étalon des prix, bien que ce ne soit pas toujours le cas.

Or la nature de la monnaie n'est pas vraiment définie par les monétaristes. M. Friedman en fait un bien comme les autres, plutôt objet de luxe, sorti de la série des n marchandises pour devenir l'étalon des prix selon la formule n − 1. En même temps il la considère comme une grandeur statistique, la «masse monétaire», telle qu'elle est comptabilisée dans les passifs des bilans de la Banque centrale et des banques commerciales $(M_1 + M_2)$[9]. Pour figurer le caractère matériel du stock de monnaie détenu par un agent économique, au début d'une période de temps T, Patinkin évoque les billets de banque en papier émis par la Banque centrale. Admettons avec lui qu'une manne céleste pourvoie chaque individu d'une certaine quantité de ce bien. Si dans l'ensemble elle est insuffisante par rapport à la demande d'encaisses, il y a une demande excédentaire de monnaie. Selon la loi de l'interdépendance des marchés de Walras, il y a une offre excédentaire des autres biens. Comme s'il y avait une surproduction généralisée. Mais nous sommes loin de la possibilité d'une crise : les prix monétaires des biens, flexibles, baissent, ce qui absorbe les excédents et permet de revenir à un équilibre des marchés. Ainsi la loi de Walras conforte-t-elle la loi de Say.

Les conditions dans lesquelles la monnaie a une fonction d'étalon des prix sont exposées d'une façon simple par les monétaristes.

9. Rappel : M_1 = billets + dépôts à vue

M_2 = dépôts à court terme ou «quasi-monnaie».

Dans un espace monétaire déterminé, les échanges se font entre agents économiques utilisant la même unité de compte, dont le caractère nominal est déterminé par l'agent central émetteur, tel la Banque de France, l'émission de monnaie centrale servant de support à l'émission de monnaie bancaire («théorie du multiplicateur de crédit»). Ainsi en France, le franc sert indifféremment aux versements des revenus salariaux, au calcul des profits, aux achats de biens, comme unique étalon. De même, un franc à Paris est égal à un franc à Brest ou à Ajaccio, en tant qu'unité de compte commune dans les frontières de l'Etat national. Et encore : un franc en billet de banque est égal à un franc en dépôt bancaire. Sur ce point, tout le monde est d'accord, quelle que soit la théorie économique utilisée.

Au plan international, les choses sont plus complexes, comme on le verra ultérieurement. Admettons pour le moment qu'il y ait $n = 10$ monnaies convertibles : franc, mark, yen, dollar, etc. Par analogie avec ce qui se passe au plan national, une de ces monnaies sert d'unité de compte, de sorte que l'on a $n - 1$ taux de change, ou «prix» des monnaies les unes par rapport aux autres. Ici, il y a 9 taux par rapport à la 10e monnaie, qui sert de numéraire. S'il s'agit du dollar, les Etats-Unis, pays émetteur de cette monnaie, fournissent l'unité de compte internationale qui est la monnaie véhiculaire de base, quel que soit le régime des changes.

Le $n^{\text{ème}}$ bien qui sert d'unité de compte dans la série des échanges domestiques, doit avoir lui aussi un caractère économique, c'est-à-dire, dans la perspective monétariste dominante ici, être *offert* et *demandé*. Sans demande émanant des agents économiques privés, entreprises et ménages, la monnaie n'aurait aucune consistance propre, puisqu'elle est un bien extrait de la série des n biens. Mais en même temps son offre relève de l'Etat (Banque centrale), qui ne produit pas lui-même de biens économiques, et non des agents économiques privés. Même les banques privées ne produisent que de la monnaie qui doit être immédiatement convertible avec la monnaie centrale. La détermination d'un étalon des prix qui soit la monnaie socialement utilisée comme telle, pose donc un problème *qualitatif,* et pas seulement celui de la *quantité* émise. Il faut une grandeur *nominale* déterminée de façon exogène par un émetteur, relativement à une demande d'encaisses *réelles* émanant des agents économiques privés. C'est-à-dire que ceux-ci ne peuvent être porteurs du *nominal* de la monnaie qui, défini comme le dollar ou le franc, sert à déterminer les *prix monétaires* à l'échelle de la société tout entière.

Dans la perspective monétariste, sans la demande d'«encaisses réelles», M/P, des agents économiques privés, il n'y a pas de monnaie ni même d'étalon des prix; mais il n'y en a pas non plus sans l'offre *nominale* émanant d'un émetteur public, dont le produit ne fait pas partie de la série des biens réels alors qu'il est, du côté de la demande, extrait de la série n de ces biens. De la *nature* ambiguë de la monnaie unité de compte, on passe à la détermination de sa quantité. Selon Patinkin[10], on ne peut pas admettre la doctrine dite des «real bills», selon laquelle le système bancaire devrait émettre autant de monnaie que le nécessitent «les besoins légitimes des affaires», besoins mesurés en monnaie. Si on le faisait, il y aurait indétermination du niveau général des prix monétaires, une augmentation de l'offre permettant un mouvement de hausse continu et indéfini. L'impossibilité, dans la conception monétariste, d'utiliser l'équation des échanges $M.V = P.Q$ de telle sorte que l'on aille de P vers M, se retrouve ici. Ainsi la question de l'étalon des prix comme fonction de la monnaie, est-elle reportée sur la *quantité* alors qu'elle pose un problème de *qualité*.

Une notion impossible à concevoir dans ce cadre est celle du crédit et de la relation entre crédit et monnaie de crédit contemporaine. Pourtant, il faut bien rendre compte du taux d'intérêt, comme prix particulier. Une sorte de pseudo-marché est alors constitué, celui du «stock de monnaie», où peuvent se produire des déséquilibres temporaires. Ceux-ci ne viendraient que d'une sur-émission de monnaie nominale par l'Etat, inattendue par les détenteurs d'encaisses réelles. Ils se résorberaient forcément, puisque le niveau des encaisses M/P est déterminé par les agents économiques privés. C'est la demande de monnaie qui constitue la monnaie en un actif particulier, conservé dans les encaisses. Offerte comme unité de compte et moyen d'échange, elle est, comme objet de la demande, réserve de «valeur».

En conséquence, qu'elle soit ou non placée en titres financiers, la monnaie constitue le support de l'épargne et peut être considérée comme un actif particulier. Pourtant les encaisses monétaires conservées sous forme liquide ne rapportent rien. Certains auteurs attribuent alors à la monnaie un taux de rendement fictif, afin de parachever son caractère d'actif. La question de sa nature est ainsi reportée sur celle de la signification du *taux d'intérêt,* par rapport à l'épargne sous forme monétaire et à son placement en actifs financiers.

Du point de vue de la théorie orthodoxe, le taux d'intérêt significatif est celui qui exprime sur le marché financier la rémunération de l'épargne prêtée aux investissements, les opérations financières

10. Don Patinkin, o.c., p. 309.

n'étant que le reflet de ce transfert d'argent. Le niveau du taux d'intérêt reflète l'insuffisance ou l'excès de l'offre par rapport à la demande de fonds, pour un revenu réel constant. Le taux stable est le taux «naturel» auquel s'équilibrent offre des épargnants et demande de fonds des emprunteurs-investisseurs. Comment ce prix particulier est-il affecté par le changement qui se produit sur le «marché de la monnaie», en cas de doublement de la quantité de monnaie émise par l'Etat? Si M est multiplié par 2, tous les prix nominaux le sont, nous disent les monétaristes, y compris celui des titres financiers, B : $2M \rightarrow 2P \rightarrow 2B$. Selon Patinkin[11], le taux d'intérêt comme prix *relatif* baisse d'abord, puis remonte ensuite et retrouve sa valeur d'équilibre par rapport aux autres prix «réels». Seules les grandeurs *nominales* sont toutes affectées simultanément. De même que le revenu réel est constant et que les prix relatifs des richesses, biens et titres, ne changent pas, le taux d'intérêt réel ne se modifie pas.

C'est qu'il n'est pas vraiment le prix de la monnaie, dont la variation équilibre «le marché de la monnaie» («clears the money market»). L.-C. Thurow y voit[12] une contradiction de la théorie monétariste : pour celle-ci le marché de la monnaie existe, puisque tout ce qui relève de l'économique est objet de *marché*; mais le taux d'intérêt ne joue pas son rôle de «prix de la monnaie».

Il est vrai que pour les monétaristes, «le marché de la monnaie» n'est pas une confrontation entre agents *privés,* dont les uns demandent et les autres offrent de la monnaie (cette offre étant exogène puisqu'elle émane de l'Etat). Le «prix de la monnaie» comme unité de compte n'est pas le taux d'intérêt, mais l'inverse du niveau des prix nominaux, $1/P$, par la variation duquel se fait l'ajustement de la demande d'encaisses réelles des agents économiques privés et de l'offre de monnaie dominée par la monnaie de la Banque centrale. Pour un changement proportionnel de tous les prix, la quantité de monnaie que veulent détenir les particuliers est toujours égale à la quantité de monnaie existante, fait remarquer O. Lange[13], ce qui est conforme à la loi de Say. *Le marché de la monnaie, n'étant pas un marché entre particuliers, est un pseudo-marché,* qu'il soit considéré au plan de l'ensemble de l'économie ou au plan des intermédiaires financiers (ici les banques) où la Banque centrale joue un rôle décisif. C'est pourquoi du point de vue des monétaristes, le

11. O.c., pp. 241-242.
12. Cf. *Dangerous Currents...,* o.c., p. 70.
13. Dans «The rate of interest and the optimum propensity to consume», *Economica,* février 1938.

taux d'intérêt monétaire ne doit jouer aucun rôle particulier : la variable instrumentale, pour eux, est la quantité de monnaie émise, à partir de la monnaie centrale, et en fonction de la croissance réelle du produit national. *La seule politique monétaire concevable par les monétaristes est celle de la neutralisation de la monnaie.*

Quant au taux d'intérêt, monétaire ou «réel», son rôle, selon Patinkin[14], ne peut pas être distingué *selon les divers marchés* (monnaie, titres, biens, travail). Il est un taux de substitution entre consommation et épargne des agents économiques et donc un taux «réel». Mais il est en même temps le taux d'intérêt *de la monnaie,* et non pas celui d'un autre bien (rendement du loyer d'une maison louée ou d'un prêt en nature etc.). Ainsi le taux d'intérêt se trouve-t-il dans la perspective monétariste, *«surdéterminé».* «Réel», mais aussi «monétaire». Cela empêche, dit Patinkin qu'on en fasse l'analyse comme «prix» sur un seul marché alors que c'est la méthode fondamentale dont dispose la conception néo-classique ou monétariste.

Cela brouille du même coup la notion de demande de monnaie, en relation avec le taux d'intérêt. Patinkin adapte les formulations de Keynes à sa conception des encaisses réelles :

— Formulation de Keynes : $M = L_1 (Y) + L_2 (r)$

— Formulation de Patinkin : $M = pL_1 (Y) + pL_2 (r)$

Dans la formulation de Keynes retenue ici, l'offre de monnaie M est égale à la demande qui, chez Keynes, porte sur les grandeurs nominales, celle du revenu (Y) et celle du taux d'intérêt (r). Par contre, la formulation de Patinkin porte sur des grandeurs tenant compte des prix nominaux P.

Selon Keynes, toute richesse a un rendement q, un coût de conservation c et une «liquidité» l. De sorte qu'en général $r = q - c + l$, quel que soit le bien durable possédé. Mais dans le cas de la monnaie, $q = 0, c = 0$; reste la prime de liquidité l, qui a la plus grande importance. Ici le taux d'intérêt de la monnaie, fondé sur la liquidité de celle-ci, est le plus significatif. Par contre, ce n'est pas le cas de la formulation de Patinkin, si «le prix de la monnaie» est simplement l/p. Ou bien il faut incorporer la demande de liquidité qui diffère de la «demande d'encaisses réelles», cette dernière tenant compte du niveau des prix (M/P). Ou bien le taux d'intérêt est déconnecté de la demande de monnaie et il sort du champ d'ana-

14. O.c., p. 379 : «This distinction cannot proceed along market lines».

lyse du stock *monétaire* détenu par les individus économiques. Il est indéterminé. De ce point de vue, Patinkin a raison : si la détermination des grandeurs économiques se fait d'après les indications des marchés, «along market lines», celles qui concernent le taux d'intérêt ne sont pas univoques, selon qu'il s'agit d'un taux «monétaire» ou d'un taux «réel».

3. La multiplicité des monnaies nationales. Le problème du taux de change

a/ Comme on l'a vu plus haut avec l'équation des échanges, la conception monétariste est telle que l'on ne peut remonter des comportements privés qui déterminent T,P et V, jusqu'à M, la quantité nominale de monnaie. C'est vrai aussi quand M comprend non seulement des francs, mais des dollars ou des marks, dont seule la proportion dans les encaisses des agents économiques est arbitrée par les demandes des agents économiques privés. En l'absence d'un changement de la quantité nominale M en francs par rapport à la quantité nominale M* en dollars, le taux de change entre M et M* dépend du rapport P/P* (pour T/T* et V/V* donnés). Mais comme il n'est pas possible de remonter de P à M, selon la conception quantitative, on doit aller voir dans chaque pays ce qui s'y passe concernant M !

Voici pourquoi *le meilleur régime des changes est, selon M. Friedman,* et d'autres monétaristes, *celui des changes flexibles,* sans détermination de parités officielles qui devraient être respectées par les Banques centrales. Si l'émission de francs M ne varie pas relativement à celle de dollars M*, le stock de monnaie M + M* reste stable, en même temps que la relation M/M*. Les prix monétaires ne varient pas sous l'effet d'une réaction de la demande d'encaisses réelles en France ou aux Etats-Unis. Les variations qui se produisent sur le marché des changes, entre diverses monnaies nationales convertibles, ne se rapportent qu'aux offres et demandes des agents économiques privés sur les différents marchés de biens, y compris celui de la monnaie étrangère qui apparaît alors comme un actif financier. Elles n'affectent que les grandeurs P, T, V, relativement à P*, T*, V*, qui s'ajustent entre elles sans intervention des Banques centrales (si celles-ci interviennent, c'est comme agents privés et non publics, pour diversifier leurs actifs). Les prix relatifs P/P* ainsi que le taux de change entre monnaies M/M* reflètent alors les déterminations de l'équilibre des marchés de biens. Or, le prix d'une automobile en francs doit être égal à celui d'une même automobile en dollars si l'on considère le marché international de ce produit homogène. Du côté de la dénomination en francs ou en dollars, il ne vient aucun changement du prix monétaire; peu importe que les unités de compte soient différentes. La *«parité des pouvoirs d'achat»* du *franc et du dollar* signifie qu'un même bien échangeable internationalement, doit avoir *le même prix de marché* sur l'ensemble de son espace de transaction (ici : le marché mondial), quelle que soit l'unité de compte utilisée.

Si un changement de la quantité nominale de monnaie M se produit dans un seul pays (cas de la France, par exemple), relativement à l'équilibre initial les prix en francs varient par rapport aux prix en dollars des mêmes biens «internationaux». Il n'y a plus «parité» des pouvoirs d'achat du franc et du dollar, puisque $P \neq P^*$. Il faut alors un ajustement tel que le rapport d'équilibre de la quantité M par rapport à la quantité M^* soit restauré. Ou bien M^* augmente autant que M, et il n'y a pas de déséquilibre. Ou bien seule M augmente, les prix P aussi et il y a un déséquilibre simultané de M/M^* et de P/P^*, c'est-à-dire du taux de change du franc par rapport au dollar. Les mouvements des prix renvoient à l'émission interne de monnaie nominale par la Banque centrale. Une émission supérieure à la quantité d'équilibre, entraîne une augmentation des prix monétaires relativement à leur niveau d'équilibre. Tel est le fondement, *en théorie quantitative,* de l'idée des *«différentiels d'inflation»* entre pays et de la notion de *«contrainte extérieure»* pesant sur les prix nationaux.

En régime de *changes fixes,* la Banque centrale doit intervenir sur le marché des changes, pour conserver un rapport déterminé de «prix» entre le franc et le dollar; elle doit vendre ou acheter des dollars contre des francs : ses réserves en devises varient; comme elles constituent une des contreparties de la monnaie nationale, la politique monétaire de contrôle de l'offre de monnaie dépend ici des relations extérieures ou du solde en devises de la balance des paiements. Pour conserver la parité fixée des pouvoirs d'achat des différentes monnaies P/P^*, la Banque centrale doit agir sur la relation M/M^*, alors qu'en changes flexibles, selon la conception quantitative, ce sont les agents économiques privés qui s'en chargent. Le change étant considéré comme un prix relatif, tout se passe en changes fixes comme si la Banque centrale réagissait elle-même à ce prix, ce que désapprouve M. Friedman.

Mais comment sont perçus les prix internationaux auxquels réagit une Banque centrale? D'après la conception monétariste, il manque ici les deux conditions nécessaires à la fixation de prix monétaires :

1) une autorité émettrice internationale, qui offrirait de la monnaie nominale transnationale M ;

2) des agents privés internationaux dont les encaisses réelles M/P réagiraient sans délai à un changement du stock de monnaie internationale.

La critique des changes fixes faites par les monétaristes ne porte donc pas seulement sur un régime de change qui rend inopérante la politique monétaire comme politique d'émission, mais sur l'idée d'un régime de prix monétaires déconnecté d'une quantité de monnaie nominale.

Cependant un problème analogue surgit aussi dans le cadre d'un régime de changes flexibles, bien qu'il soit alors évacué par les monétaristes. S'il y a un «prix unique» de marché international pour un produit homogène, ce prix relatif, ou non monétaire, sert de référence aux prix intérieurs du même produit, et se reflète dans la détermination des prix intérieurs par l'offre de monnaie. Cela devrait influer sur la quantité de monnaie nationale émise par rapport à un stock international. Mais ce dernier ne détermine pas de prix monétaires *internationaux*, quel que soit le régime des changes. On a *comme deux catégories de prix,* dont l'articulation fait problème. Prix *internationaux* des biens échangeables qui équilibrent offre et demande («clear the market») sur tout l'espace de transaction de ces biens (soit un prix unique pour une automobile à New York et à Paris). Prix *monétaires* du même bien, qui équilibrent offre et demande de monnaie sur le marché *intérieur.*

Dans le cadre théorique de l'équation des échanges, $M.V = P.T$, les deux sortes de prix s'articulent, pour une quantité de monnaie M donnée. Or, on voit mal comment peut être déterminée une relation de change entre monnaies nationales différentes. Du côté de l'offre, il n'y a que des relations d'unités de compte (tant de francs pour un dollar). Du côté de la demande, il n'y a pas de confrontation directe possible entre M/P demande de francs et M/P demande de dollars. Dans le cadre monétariste, seules deux solutions sont possibles :

1) ou bien considérer la monnaie étrangère comme un actif, sur le marché des changes qui est alors conçu comme un marché financier particulier ;

2) ou faire comme s'il y avait une monnaie unique de référence, correspondant à la détermination de prix internationaux.

La première solution fait intervenir le rapport entre taux d'intérêt domestique i et taux d'intérêt étranger i*; mais comme à l'équilibre il n'y a qu'un seul taux d'intérêt international, i*, c'est la deuxième solution qui s'impose. *Un bien, un prix, une monnaie!*

Pourtant le problème reste entier, s'il y a une offre de *monnaie de compte internationale* (ou étalon des prix), forcément unique, et d'autre part une demande de monnaie *nationale* ayant tous les attributs monétaires (y compris celui de la monnaie de réserve). A moins que l'étalon international des prix ne soit ou ne devienne la monnaie unique, hors du pays comme à l'intérieur de celui-ci. Or dans le monde contemporain, en l'absence d'un étalon-or monétaire *supranational* adopté par les pays à monnaie convertible, la monnaie de compte est forcément une des monnaies nationales, comme on le voit dans le cas du dollar, depuis la deuxième guerre mondiale.

Qu'est-ce que cela peut signifier quant aux prix? Les prix internationaux de référence sont libellés en dollars dans le cas des marchandises internationales comme le pétrole. Ils ne peuvent l'être, dans le cas des biens échangeables internationalement : automobiles et autres produits, que *si l'espace des transactions, considéré comme unique, est de fait américain.* Mais en l'absence d'unité de compte initiale, puisque la Banque centrale américaine n'est pas une Banque mondiale d'émission, il y a lutte pour l'unification sous l'égide du dollar comme monnaie véhiculaire des échanges internationaux. Or, cette conséquence indirecte de l'analyse quantitativiste et monétariste qui devrait conduire à poser le problème d'une «centralisation conflictuelle» de la monnaie *ne peut être pensée dans le cadre de cette analyse elle-même. Car on n'y trouve que des marchés plus ou moins parfaits, des prix d'équilibre et des monnaies nationales en principe égales entre elles,* sans effet de hiérarchie ou de domination. L'impossibilité où est la théorie de rendre compte d'un taux de change comme prix de la monnaie M en la monnaie M* ne débouche que sur une juxtaposition de ces monnaies ou sur leur réduction à une monnaie unique, aucune de ces démarches ne réglant le problème du rapport entre prix internationaux et prix «nationaux».

Cette critique de la conception du change selon la théorie quantitative de la monnaie voudrait avoir un caractère général. Elle concerne la version monétariste de la théorie quantitative, mais aussi les analyses néo-classiques qui font de l'économie internationale un espace homogène où sont fixés des prix d'équilibre qui déterminent «la parité des pouvoirs d'achat» des monnaies. Le caractère irréaliste de cette conception a bien été montré par de nombreuses critiques[15]. Mais celles-ci n'expliquent pas assez pourquoi la pluralité des monnaies nationales est réduite à un simple donné par l'analyse quantitative du taux de change, de sorte que ce qui fait la qualité de la monnaie échappe à une telle conception.

b/ Peut-on dire que néanmoins la théorie quantitative reflète la nécessité d'avoir une unité de compte commune au plan international? Quel que soit le régime des changes, fixes ou flexibles, une des monnaies nationales (en l'absence d'une monnaie supranationale), servirait de numéraire et deviendrait «bien public international», selon l'expression de Ch. Kindleberger. Ici *la pluralité* des monnaies est pensée comme *asymétrie* de la monnaie unité de compte par rapport aux autres monnaies. Le numéraire international (aujourd'hui le dollar) introduit un minimum de *centralisation* en donnant aux multiples monnaies un «prix» de référence. Un franc = x dollar. Un mark = y dollar. Pour calculer le taux de change du franc en mark, on passe par le taux de change du franc en dollar et celui du mark en dollar, relation triangulaire inévitable. Quant au dollar, comme unité de compte, il est le seul point de référence pour le dollar lui-même, ce en quoi il diffère de toutes les autres monnaies.

La discussion porte alors sur le bien-fondé de ce rôle particulier du dollar, monnaie nationale ayant une fonction internationale d'unité de compte. Elle en met d'abord en cause le *principe* même. Selon B. Schmitt[16], la logique du numéraire n'est pas applicable aux relations des monnaies entre elles, qui diffèrent des biens. Ainsi trois monnaies, le dollar, le franc, le mark, ne s'échangent pas de la même façon que trois biens dont l'un serait le numéraire. Ou bien il y a échange direct entre le franc et le mark, le dollar perdant alors son rôle d'étalon. Ou bien ce n'est pas possible mais il n'y a pas de jeu des arbitrages assurant que le taux de change mark/dollar et franc/dollar sont compatibles avec un choix croisé mark/franc. *L'échange des monnaies entre elles n'est pas assimilable à celui des biens.* Pour que des taux de change respectant les particularités des mon-

15. Cf. A. Cartapanis, *Instabilité des taux de change et déséquilibres internationaux*, Calmann-Lévy, Paris, 1984.
16. Cf. B. Schmitt, *Théorie unitaire de la monnaie nationale et internationale*, Castella, 1975, pp. 84-85.

naies nationales soient définis, il faudrait qu'ils soient déterminés par l'usage d'*une monnaie supranationale*.

Ce mode de centralisation monétaire internationale, préconisé par B. Schmitt, fait disparaître le rôle du dollar comme monnaie de compte internationale. Il élimine en même temps le rôle du marché des changes comme indicateur de «prix relatifs» des monnaies nationales. Sa conception, au lieu de balancer entre la pluralité des monnaies et une monnaie unique, préserve la diversité des monnaies tout en introduisant une centralisation inévitable. Mais elle a *le défaut d'éliminer* une forme de la pratique capitaliste des échanges internationaux, qui s'exprime par *le jeu du marché des changes*. Que «les prix relatifs» des monnaies sur ce marché soient «irrationnels», comme dirait Marx, c'est certain. Cependant, ils sont l'indice de comportements privés et d'interventions institutionnelles, d'affrontements de toute sorte *sous une forme décentralisée* propre au marché capitaliste. On reviendra plus loin sur ce point essentiel.

c/ Une démarche toute différente de celle de B. Schmitt, consiste à conserver le cadre monétariste d'analyse des taux de change, mais à introduire une certaine dose de réformes institutionnelles, pour réduire l'instabilité monétaire qui a accompagné, au cours des années 1970, le rôle du dollar comme unité de compte internationale. Ainsi l'économiste américain Mc Kinnon propose-t-il un étalon international associant au dollar le mark et le yen[17].

La réforme peut avoir un effet stabilisateur, selon R. Mc Kinnon, à deux conditions : qu'elle respecte les choix financiers des particuliers, et qu'elle s'accompagne d'une action de la Banque centrale américaine sur l'offre de dollars aux Etats-Unis.

Première étape, compte tenu de l'asymétrie du dollar : une politique de stabilisation des taux de change de la monnaie nationale par la Banque centrale, en régime de changes flexibles. Mc Kinnon prend l'exemple d'une baisse de la demande de monnaie domestique, à la suite de l'élection d'un gouvernement de gauche dans un pays (risque politique) et d'une demande accrue de titres étrangers. Pour stabiliser le taux de change, la Banque centrale diminue ses réserves de devises et achète de la monnaie domestique, ce qui engendre une diminution de l'offre de monnaie dans ce pays (les devises étant une des contreparties de la masse monétaire). C'est

17. Dans «An International Standard for monetary stabilization», Institute for International Economics, Washington, mars 1984.

là une intervention non compensée («non sterilized intervention»), en ce sens que la Banque centrale n'augmente pas ensuite le stock de monnaie domestique qui retrouverait son niveau initial. La bonne intervention est celle qui a pour effet de réduire l'offre de monnaie domestique : elle s'adapte à la baisse de la demande de cette monnaie émanant des agents économiques privés. Ainsi le taux de change initial, considéré comme le taux d'équilibre, peut être préservé par une action compensatoire de la Banque centrale, dont le résultat est une diminution du stock central de devises et de la monnaie domestique en circulation, sous l'effet des comportements de préférence pour les actifs étrangers. Cette stabilisation du taux de change en régime de flexibilité respecte les indications monétaristes concernant la priorité des comportements privés : ceux-ci agissent indirectement sur le stock de la monnaie domestique par rapport à celui des actifs étrangers.

Quand, *seconde étape,* l'asymétrie du dollar est prise en considération, les choses se modifient. Soit une baisse de la demande de dollars par les «investisseurs internationaux», qui préfèrent des marks ou des yens. La Banque centrale américaine n'a ni objectif de taux de change, ni réserves en devises; elle n'intervient pas sur le marché des changes ni sur l'offre de monnaie domestique. Seules agissent les banques centrales allemande et japonaise, qui achètent des dollars et vendent leur propre monnaie, de sorte que leur offre de monnaie augmente, en contrepartie de l'augmentation de leurs réserves en devises.

C'est ce qui s'est passé par exemple en 1977-78. Mais les interventions des banques centrales allemande et japonaise sans appui du côté américain ne pouvaient suffire. Pour stabiliser le taux de change il aurait fallu que la Banque centrale des Etats-Unis adaptât son offre de dollars à la diminution de la demande de dollars; en raison de son inaction, le dollar s'est déprécié par rapport au mark et au yen, dont les taux de change ont varié *contre* la volonté des banques centrales concernées! Une stabilisation des taux de changes nécessite donc, selon Mc Kinnon, une intervention *conjointe* de ces banques et de la banque centrale américaine, *sans* pour autant mettre fin à l'asymétrie du rôle du dollar. C'est ce qui s'est passé en octobre 1985, sous une forme atténuée, pour faire baisser le taux de change du dollar. Mais Mc Kinnon va beaucoup plus loin quand il propose (pp. 77-79) un aménagement du bilan des trois banques centrales, tel que l'action de la Banque centrale allemande ou japonaise pour conserver un taux fixe d'équilibre entre dollar, mark et yen, agirait sur l'offre intérieure de monnaie *des Etats-Unis* eux-mêmes. La banque américaine resterait passive (asymétrie du dollar-étalon) mais elle serait automatiquement amenée à modifier son émission de dollars sous l'effet d'un changement de sa «base monétaire» élargie. La fixation des taux de change entre les trois principales monnaies mondiales que sont le dollar, le mark et le yen, créerait un effet stabilisateur général. Les autres monnaies, se rattachant à l'une des trois grandes, seraient automatiquement en rapport de change stable avec les deux autres. On aurait une variété particulière de système de changes fixes, tenant compte des choix financiers privés (préférence pour une monnaie plutôt qu'une autre) tout en compensant les effets de ces choix sur les relations de change.

Que penser de ces propositions qui visent à garantir une plus grande stabilité des taux de change? Il est peu vraisemblable en réalité que les grandes puissances concernées, Etats-Unis, Allemagne, Japon soient prêtes à une coopération monétaire *sous la forme que suggère McKinnon.* Sans doute les Etats-Unis eux-mêmes ont-ils exercé des pressions sur les autorités japonaises pour que le yen devienne monnaie internationale, à côté du mark, et serve ainsi de relais au dollar comme moyen de transaction financière. Ce qui va plus loin que les consultations périodiques entre Banques centrales des pays capitalistes développés, les interventions constantes du Fonds Monétaire International et les autres aspects des relations monétaires internationales publiques. Mais *une politique monétaire commune de stabilisation des taux de change est une toute autre affaire,* puisqu'elle *mettrait fin à l'isolationnisme monétaire américain* en faisant dépendre l'offre de monnaie *intérieure* des Etats-Unis d'une régulation internationale. On voit mal comment un pareil retournement politique pourrait se produire, en l'état actuel des rapports entre nations et de la politique américaine de domination du monde occidental. L'appréciation du dollar au début des années 1980 s'est inscrite dans une politique de préservation ou d'accentuation d'un rapport de forces favorable aux Etats-Unis: «a strong currency, for a great world power». Même si ce n'était pas le cas, d'autres questions surgiraient qui concernent la possibilité d'assurer une stabilité des taux de change par la solidarité des bilans des trois banques centrales. La réforme proposée par MacKinnon revient à considérer comme une quantité unique la somme des masses monétaires, dollars + marks + yens. Prenons seulement dollars (M_1) et marks (M_2). Quand la demande de dollars diminue, l'offre de dollars doit diminuer aussi; en même temps la demande de marks augmente et l'offre de marks doit augmenter.

La somme de $M_1 + M_2$ reste constante, puisque la diminution de M_1 est compensée par l'augmentation de M_2. Tout se passe comme s'il y avait une seule offre de monnaie M. On retrouve ici une des implications de l'analyse monétariste dont nous avons signalé la contradiction interne, l'idée d'une monnaie unique, *transcendant les différences nationales sans surmonter celles-ci*.

Quant à la politique monétaire préconisée, elle suppose, comme le dit McKinnon, que la Banque centrale contrôle l'émission de monnaie domestique selon le schéma quantitativiste et la «règle d'or» qui en découle. McKinnon pense que c'est faisable dans un petit nombre de pays à monnaie forte («hard currency»); «économies ouvertes dont les finances domestiques sont assez robustes pour que chaque banque centrale puisse contrôler de façon indépendante l'offre de monnaie domestique». Pays dont le marché financier est assez développé pour financer les dépenses publiques sans création monétaire ou qui ont des déficits budgétaires peu importants. Dans ces pays à monnaie forte, qui dominent les transactions internationales, l'offre de monnaie pourrait être contrôlée par la Banque centrale ayant pour objectif la stabilité des prix, y compris celle du taux de change. Il n'y aurait alors ni inflation ni déflation de courte période.

On retrouve ici la conception monétariste de l'inflation comme phénomène purement monétaire (excès de l'offre par rapport à la demande des particuliers qui sont les véritables agents économiques). Mais aussi la faiblesse de cette conception! Ainsi l'effet monétaire des déficits financiers varie considérablement selon les pays et les monnaies, comme on a pu le constater dans le cas des Etats-Unis au début des années 1980 et dans le cas du Japon. La reconnaissance d'une asymétrie entre monnaies nationales est bien comprise dans la réforme proposée par McKinnon. Mais elle conduit à la domination des banques centrales les plus fortes, émettrices de dollars, de yens et de marks sans tenir compte des rapports de force et des contradictions entre les différents pays, évacués avec les déséquilibres de la monnaie. *L'utopie de la paix des marchés se conjugue avec celle de la Pax Americana, élargie aux pays les plus forts.*

4. Faiblesse du monétarisme

On a vu que la démarche des monétaristes ne rend pas compte de l'offre de monnaie, puisqu'elle est à sens unique, de la variation de M à celle de P, sans effet de retour. Elle ne rend pas non plus compte des rapports entre les différentes monnaies nationales qui, dans la perspective de libre-échange qu'elle soutient, devraient être égales entre elles ou toutes rapportées à une seule unité de compte. Ayant pour objet la neutralité de la monnaie, elle ne peut expliquer, de l'intérieur du système, l'existence de crises monétaires, puisque pour elle, par définition, les prix des biens échangés s'adaptent automatiquement.

Alors que la conception monétariste devrait, d'après son propre projet, être une théorie des prix monétaires, une fois les «prix relatifs» des marchandises déterminés dans le monde «réel», elle ne parvient pas à définir de façon univoque *le taux d'intérêt, ni le taux de change.* Ces prix particuliers échappent à sa logique réductrice. *Il n'y a pas d'étude, ni même de définition, du système bancaire* comme lieu d'articulation des différentes formes monétaires : monnaie émise par la Banque centrale, monnaie «scripturale» émise par les banques privées. L'offre de monnaie nominale, considérée comme grandeur homogène, dissimule le procès d'ajustement de ces formes et le rôle que peut avoir le taux d'intérêt du marché monétaire (entre institutions bancaires et financières). De façon générale le monétarisme laisse de côté l'analyse du crédit et de la finance et privilégie l'épargne «réelle» des agents économiques privés, dont les placements sont rémunérés par un taux d'intérêt «réel». Par rapport à ce dernier *on ne voit pas comment est fixé le taux d'intérêt «monétaire».*

L'analyse monétariste du *taux de change* est également déficiente. Car la diversité des monnaies nationales n'a qu'une importance secondaire et de court terme par rapport à l'équilibre international de longue période des ressources et des emplois «réels». Un taux de change comme prix d'équilibre établi entre deux monnaies nationales n'a pas de signification monétaire particulière. Il dépend des prix internationaux des biens échangés. Tout se passe comme si les différentes monnaies étaient des sous-multiples d'une masse monétaire unique. Alors le taux de change d'équilibre ne peut être qu'un taux de neutralisation des différences monétaires nationales, par rapport à l'équilibre des marchés internationaux de biens divers. Pour cette raison, il ne peut être déterminé de façon univoque, comme juste prix relatif d'une monnaie nationale par rapport à une autre.

Le cas des fluctuations du dollar, considéré comme monnaie nationale des Etats-Unis, est instructif. Un dollar s'échangeait contre environ 5 francs en 1977-1979, puis contre environ 9 francs en 1984. Ces prix sont ceux du marché des changes où dollars et francs sont offerts et demandés par des opérateurs privés. Sont-ils des taux de change d'équilibre? Oui, par rapport aux transactions privées sur les marchés des monnaies. Non, par rapport aux transactions commerciales entre les Etats-Unis et la France, comme on l'a vu plus haut[18] : mais en ce cas, analysé par M. Friedman qui montre que les équilibres «réels» finissent par l'emporter de façon automatique, quel est le taux de change de référence? Le dollar à 5 francs ou le dollar à 9 francs? Selon *World Financial Markets*[19], la concurrence des produits étrangers, stimulés par la force relative du dollar, a du bon : elle fait pression sur les prix intérieurs américains, sur la qualité des produits domestiques, sur les industries «structurellement faibles» qui étaient artificiellement protégées par la sous-évaluation du dollar et l'inflation intérieure. Mais elle a aussi un aspect dangereux, en menaçant l'emploi industriel même dans des secteurs «compétitifs», et en suscitant des réactions protectionnistes contraires à l'esprit de la libre-entreprise.

Ainsi, même du point de vue des équilibres «réels», ceux qui sont privilégiés par la conception monétariste, il est difficile de trouver un taux de change de référence, qui s'établisse de façon automatique. Quant au taux d'équilibre à court terme sur le marché des devises, il n'est autre que le taux existant qui résulte des transactions privées. La multiplicité des références fait qu'il y a comme *une surdétermination du taux de change effectif, en même temps qu'une indétermination du taux de change d'équilibre*. Or il ne s'agit pas, ici, de la violation des marchés par une intervention intempestive de l'Etat émetteur de monnaie nominale, selon la conception monétariste des déséquilibres. C'est la régulation par le marché qui est elle-même en défaut. Les idées monétaristes couvrent des pratiques qu'elles n'expliquent pas.

II / *Monnaies et centralisation conflictuelle*

La théorie quantitative de la monnaie, dont le monétarisme est la forme contemporaine, ne rend pas compte des réalités qu'elle prétend expliquer. La question maintenant posée est celle d'une conception alternative, permettant de comprendre les mouvements du taux d'intérêt et du taux de change. Les analyses qui partent des rapports de force entre nations et de la domination du dollar

18. Cf. M. Friedman, o.c.
19. Bulletin mensuel de «Morgan Guaranty Trust Company of New York», numéro de février 1984.

sont précieuses. Mais elles ne sont pas suffisantes pour élaborer une théorie des formes de la monnaie, sans laquelle on ne peut mener une critique radicale du monétarisme.

1. La domination du dollar

a/ Quelles que soient les formes monétaires, monnaie-or du XIXe siècle, monnaire bancaire du XXe siècle, tout système international de paiements gravite autour d'une monnaie étalon en laquelle les taux de change des monnaies nationales sont définis. C'est le cas quel que soit le système des changes, «fixes» ou «flexibles». Ainsi après la deuxième guerre mondiale le dollar s'est imposé comme monnaie de référence pendant la période des changes fixes, jusqu'en 1973, et pendant celle des changes flexibles qui a suivi.

Pourquoi le dollar? *En droit,* quand une monnaie supranationale fait défaut, n'importe laquelle des n monnaies convertibles entre elles devrait pouvoir servir d'étalon des n − 1 autres. Dans le système contemporain, à la place du dollar, le franc suisse, par exemple pourrait devenir unité de compte, ou «bien public international». *En fait,* c'est la monnaie nationale du pays capitaliste le plus puissant, les Etats-Unis, qui s'est imposée comme monnaie internationale.

La puissance de l'Etat le plus puissant en a été renforcée, par l'utilisation du «seigneuriage»[20], privilège de la nation dont la monnaie sert d'unité de compte et de moyen de paiement international. Les Etats-Unis pouvant financer le déficit de leur balance des paiements avec leur propre monnaie sans liquider leurs actifs à l'étranger, en ont profité pour se procurer des droits sur les ressources des autres pays, sans vraiment les payer.

Certains économistes orthodoxes, comme Jacques Rueff, ont critiqué cet usage du dollar. Ils l'ont fait parce que la théorie de l'équilibre des marchés ne peut en principe admettre l'existence d'une rente de situation conférée par l'émission d'un numéraire. De ce point de vue, les Etats-Unis émetteurs de dollars bénéficient d'un privilège *exorbitant* à l'échelle internationale, par rapport aux contraintes naturelles des transactions marchandes. Critique normative de la domination du dollar, qui se réfère à une appropriation des ressources selon les règles du marché qui devraient être les mêmes pour tout agent économique. Par contre, les auteurs libéraux qui prennent l'état des marchés comme une donnée, considèrent que le dollar

20. Cf. R. Parboni, *The dollar and its rivals,* Editions Verso, 1982, pp. 40-47.

s'impose parce qu'il est l'actif *demandé* par les opérateurs sur les marchés financiers internationaux. L'idée d'une rente de situation de la monnaie américaine s'évanouit si l'on considère que les agents économiques privés «veulent» utiliser le dollar comme support de leurs transactions. La demande est reine![21]. Ainsi disparaît toute prise en compte des conditions effectives de l'offre de dollars, et toute idée de réforme institutionnelle concernant le rôle international de la monnaie américaine.

La domination du dollar serait l'expression d'une sorte de «principe monétaire privé»[22], excluant toute intervention publique efficace. On retrouve ici les raisons de la préférence pour les changes flexibles exprimée par M. Friedman. Mais aussi celles qui sont invoquées par les dirigeants américains pour laisser précisément les choses en l'état.

Toute autre est l'analyse de «l'impérialisme du dollar»[23] qui repose sur celle de la puissance économique et politique des Etats-Unis. De ce point de vue, les rapports monétaires entre nations reflètent l'inégalité de développement des «systèmes productifs nationaux». Tant que les Etats-Unis sont la puissance capitaliste dominante, leur monnaie reste au centre des transactions internationales. Ainsi la modification du régime des paiements internationaux en 1973, lors du remplacement du système des changes fixes par celui des changes flexibles, n'a pas mis en cause le rôle du dollar comme étalon international, bien au contraire. *Et même ce qui en 1971 est apparu comme une crise du dollar, aurait été une sorte de repli stratégique décidé par les autorités américaines, pour conserver la position dominante de leur monnaie :* selon R. Parboni[24], «les Américains ont choisi le moment et la forme de la crise de 1971», en utilisant «l'arme de la dévaluation» du dollar par rapport à l'or et aux grandes monnaies occidentales.

Il faut rappeler que dans le cadre des accords monétaires de Bretton Woods, le seul «prix» fixé avait été celui de l'or en dollars (35 dollars l'once), les autres monnaies ayant seulement un prix (taux de change) déterminé en dollars, selon le système des changes fixes. Cependant, dès le début des années 1960, après le rétablissement de la «convertibilité externe» des grandes monnaies capitalistes,

21. Cf. J.-J. Rosa, «Le choix d'un système de change», *Politique économique,* 1983 (reproduit dans *Problèmes économiques,* 18 janvier 1984).

22. Expression due à Daniel Cohen.

23. Cf. H. Magdoff, «The US dollar, Petrodollars and US imperialism», *Monthly Review,* New York, janvier 1979.

24. O.c., pp. 76 et suiv.

le prix officiel de 35 dollars l'once d'or n'a pu être maintenu que par la multiplication des interventions américaines sur le marché de l'or. *La forme de centralisation du système, autour du dollar-or, a subi des tendances contraires, et s'est défaite en 1971* quand le dollar est devenu officiellement inconvertible en or[25]. Prélude à l'instauration du système des changes flexibles en 1973.

La «crise» du dollar en 1971 ayant été, selon R. Parboni, un procès contrôlé politiquement par les autorités américaines, les fluctuations ultérieures des taux de change n'ont fait que conserver l'hégémonie du dollar. Quel que soit le niveau des taux de change. Relativement faible au cours des années 1970, le dollar a été la monnaie dans laquelle se sont massivement endettés les pays en voie de développement qui empruntaient aux banques sur le marché international des euro-dollars. Relativement fort au début des années 1980, il est la monnaie de réserve des investisseurs étrangers qui placent leurs fonds aux Etats-Unis. Dans tous les cas, les autres nations capitalistes développées doivent s'adapter aux fluctuations de la monnaie des Etats-Unis, dont la politique s'impose internationalement. *La «guerre des monnaies»* dont on a souvent parlé depuis 1971, *a toujours le même vainqueur, quelle que soit l'importance du mark et du yen*. En conséquence, au régime des changes flexibles n'a donc nullement correspondu l'émergence de politiques monétaires nationales indépendantes, libérées de la préoccupation du niveau du change. Cette idée de M. Friedman ne s'applique qu'à la Banque centrale américaine, émettrice de dollars, dont justement le cas est exceptionnel! Les autres banques centrales ne peuvent pas mener une politique monétaire nationale sans se préoccuper du taux de change de leur monnaie en dollar.

La domination américaine peut même prendre la forme d'une «dollarisation» de nations très dépendantes des transactions internationales. Le cas d'Israël remplaçant pendant quelques heures, en octobre 1983, sa monnaie nationale dans les transactions *intérieures,* a montré de façon spectaculaire comment la désarticulation monétaire reflète la dépendance économique et l'entretient. On retrouve *la tendance à une monnaie unique* exposée à propos des conceptions néo-classiques, mais cette fois portée par l'élargissement de l'espace économique et politique américain et non par les transactions internationales de marché. Sans doute est-ce *à travers les marchés interna-*

---

25. Les Banques centrales étrangères ayant des dollars dans leurs avoirs, n'ont plus été autorisées à les convertir en or auprès de la Banque centrale américaine, contrairement à la pratique des années 1960.

tionaux de biens que s'impose «la violence»[26] *de la monnaie des Etats-Unis. A travers les prix et les taux de change qui sont les signaux des activités capitalistes. Mais la centralisation qui s'opère autour du dollar repose sur la domination impériale américaine.*

Cette analyse de la domination du dollar part des déséquilibres existant entre les puissances économiques des différents pays, qui se reflètent dans l'asymétrie des monnaies. Une conséquence en est *qu'il ne peut y avoir un taux de change qui serait un prix d'équilibre à la M. Friedman.* La décentralisation des marchés internationaux où se font les transactions des agents économiques privés, ne joue en réalité que dans le cadre d'une *centralisation forcée,* opérée par la politique monétaire américaine. La question qui se pose alors est celle de la possibilité d'un autre mode de centralisation monétaire internationale, qui limiterait les inconvénients de la domination du dollar.

b/ La fonction d'un étalon composite, proposée par McKinnon[27] implique la domination monétaire conjointe des pays les plus puissants, Etats-Unis, République fédérale allemande, Japon. Mais même en admettant que ceux-ci parviennent à s'entendre entre eux, c'est de la combinaison de leurs monnaies nationales que résulterait une nouvelle unité de compte «internationale». Alors la «rente de situation» du dollar serait étendue officiellement au mark et au yen, sans modification fondamentale des règles du jeu! Est-il possible de concevoir une nouvelle centralisation monétaire internationale qui transcende les rapports de force entre nations?

Certains économistes le croient, qui préconisent un retour au système de l'étalon-or tel qu'il s'était généralisé à la fin du XIXe siècle. Ils pensent que la domination du dollar ne serait neutralisée que par celle *d'une monnaie supra-nationale.*

Ce qui les séduit rétrospectivement, c'est *la stabilité des taux de change* entre grandes monnaies nationales, quand le système d'étalon-or a fonctionné. Ainsi le «prix» d'une once d'or en monnaie anglaise est resté fixé à 3 livres 24 shillings 6 d.[28] de 1821 à 1914, et les parités-or des autres monnaies, une fois établies, sont restées stables. *A quoi cette stabilité était-elle attribuable?* Selon l'explication quantitative, le stock d'or mondial se répartissait

---

26. Selon l'expression de M. Aglietta et A. Orléan dans leur livre, *La violence de la monnaie,* Calmann-Lévy, 1982.

27. Cf. plus haut pp. 106-108.

28. Soit 3 livres sterling, 24 shillings et 6 pences. Une once égale un peu plus de 30 grammes.

proportionnellement à la richesse des nations; un problème de change ne pouvait surgir que si les proportions initiales d'équilibre étaient violées et il se résolvait automatiquement par la redistribution du stock d'or[29]. Cette conception n'explique rien, puisqu'elle se donne l'état d'équilibre initial et final qui est précisément en question.

Une autre interprétation rapporte la stabilité monétaire internationale à la domination économique et financière de la Grande-Bretagne : l'étalon-or était en réalité un *étalon-sterling*. Mais elle ne permet pas de comprendre pourquoi, au lieu d'imposer directement sa monnaie comme étalon international, la Grande-Bretagne avait été la première à fixer officiellement une parité-or de la livre sterling. Ni pourquoi aujourd'hui l'étalon-dollar délivré de l'or a un caractère instable : comment expliquer que ce qui ne fonctionne pas avec le dollar, ait réussi avec la livre sterling ? Les rivalités de toute sorte existaient déjà entre grandes nations au XIXe siècle. Le système de l'étalon-or a atteint sa plus grande extension pendant la période 1870-1914, au cours de laquelle se sont développés les affrontements «pour le partage du monde», selon l'expression de Lénine. Les tensions et les conflits n'ont pas affecté la stabilité des taux de change des monnaies nationales, *comme si celles-ci avaient été «les branches locales» d'une seule monnaie mondiale*[30].

Il faudrait alors tester une nouvelle hypothèse, concernant la formation des grandes monnaies nationales au XIXe siècle, en relation avec l'usage de l'or. Ainsi en Grande-Bretagne au début du XIXe siècle, se posait la question d'une circulation monétaire unifiée, en relation avec la production domestique et le développement du salariat industriel. Le rapport «one to one» entre une livre sterling pièce métallique et une livre sterling billet de banque, n'allait alors pas de soi, au vu des multiples monnaies qui circulaient dans le pays (or, argent, billets des banques de province, billets de la Banque d'Angleterre, etc.). Une unification était nécessaire, qui fût en même temps compatible avec le puissant commerce international britannique. *La centralisation monétaire nationale s'est cristallisée autour de l'or,* concentré dans les réserves de la Banque d'Angleterre, elle-même devenue «banque centrale». La formation de la monnaie

29. Ainsi un excédent commercial faisait entrer de l'or dans le pays, les prix montaient, les exportations diminuaient et l'or sortait de nouveau. C'est le mécanisme d'adaptation automatique par la flexibilité des prix décrits par M. Friedman.
30. Selon la remarque de J.-G. Thomas.

nationale comme monnaie de compte unique, quelles que soient ses formes concrètes, s'est faite en relation avec l'institution de l'étalon-or.

Plus tard dans le siècle, l'adoption officielle de l'étalon-or par l'Allemagne en 1871, puis par les Etats-Unis en 1900, a consacré l'accès du mark et du dollar au statut de monnaies nationales à part entière. *La centralisation monétaire internationale aurait ainsi induit l'émergence des grandes monnaies capitalistes nationales.* Les troubles monétaires intérieurs ne pouvaient alors apparaître comme désordres du change risquant d'aboutir à des modifications de parité : l'enjeu de la stabilité des changes était l'affirmation d'espaces monétaires nationaux. Les crises monétaires qui précédaient ou accompagnaient les crises économiques n'affectaient pas la parité-or de la monnaie nationale. Leur poids était alors reporté sur les banques privées, à l'intérieur, et sur le crédit international, à l'extérieur[31].

Si cette hypothèse sur les raisons de la stabilité des taux de change au XIXe siècle est recevable, il est vain de songer à la résurgence du régime de l'étalon-or, même aménagé. Les monnaies contemporaines sont des monnaies nationales de crédit, émises par des systèmes bancaires nationaux. La signification des taux de change en est transformée. Alors qu'en régime d'étalon-or les déséquilibres monétaires ne pourraient passer par l'instabilité des changes, il en va autrement quand n'existent plus que des monnaies nationales comme unités de compte relativement décentralisées. Comment alors établir une nouvelle centralisation monétaire internationale qui, pour assurer la stabilité du taux de change, ne détruise pas les grandes monnaies nationales sous l'effet de la domination du dollar ? La politique du laissez-faire préconisée par M. Friedman donne au marché un rôle stabilisateur qu'il ne peut avoir. Elle évacue à la fois l'inévitable question de la centralisation et celle des tensions inhérentes à l'usage de monnaie. Quant à la recherche de nouvelles règles du jeu, qui reproduiraient ce que le système de l'étalon-or avait de positif, elle méconnaît, pour le moment, les formes contemporaines des monnaies nationales. La *neutralisation* de l'instabilité des taux de change, qui passe par celle de la domination du dollar, est trop souvent confondue avec l'idée monétariste d'une monnaie *neutre* *« par nature »*.

On voudrait insister ici sur l'idée que *les déséquilibres du change sont une forme particulière des déséquilibres de la monnaie elle-même.*

31. Cf. S. de Brunhoff et P. Bruini, *La politique monétaire*, PUF, 1973, p. 134.

De sorte que même dans le cas hypothétique d'une monnaie *unique* (mondiale) il y aurait troubles et crises.

2. *Monnaie unique et «prêteur en dernière instance»*

Admettons maintenant qu'il n'y ait qu'un seul pays, qu'une seule monnaie, une seule Banque centrale. Les déséquilibres de la monnaie cessent de se manifester *à travers ceux* du taux de change. Ils n'en existent pas moins, *à l'intérieur du système monétaire unique,* sous la forme des relations mouvementées entre monnaies créés par les banques de second rang ou monnaie scripturale, et monnaie fiduciaire émise par la Banque centrale.

Pourtant ces deux monnaies n'en font qu'une : elles relèvent d'une seule unité de compte, par exemple le dollar; elles sont à tout moment et en tout lieu échangeables entre elles; ensemble, elles forment la monnaie de crédit produite par le système bancaire et utilisée par les entreprises. Peu importe qu'il y ait ou non une monnaie Banque centrale si la relation déterminante est celle qui existe entre système bancaire et entreprises. La différence entre dépôts et billets a un caractère institutionnel, sans signification économique. On serait alors en droit de considérer une seule monnaie de crédit bancaire, différente du crédit que se font les entreprises entre elles.

Mais cette conception présuppose l'unité de la monnaie de crédit par rapport à sa fonction économique, celle du financement de la production. Il est vrai que les monnaies des banques se forment dans la multiplicité des crédits aux entreprises, de sorte qu'il y a autant de monnaies que de banques ayant chacune sa clientèle d'emprunteurs et de déposants, et sa sphère de circulation. Toutes sont libellées en une même unité de compte, ici le dollar, qui assure leur convertibilité à l'échelle sociale. Mais cette socialisation des monnaies bancaires privées s'effectue au moyen d'une *centralisation publique.* La «gestion étatique de la monnaie»[32], indispensable, consiste notamment en l'approvisionnement des banques secondaires en monnaie centrale à un prix qui est *le taux d'intérêt monétaire*[33].

Faute d'une intervention centrale, les monnaies privées pourraient avoir entre elles des différences de cours, selon la situation de leurs émetteurs. Ainsi, au XIXe siècle, celles des grands centres comme New York et Chicago bénéficiaient d'une prime, avant

32. Cf. S. de Brunhoff, *Etat et capital*, Maspéro, 1976.
33. On reviendra dans le chapitre IV sur la définition du taux d'intérêt.

l'instauration du Système fédéral de Réserve (Banque centrale des Etats-Unis). Ce qui contredisait la notion d'unité de compte (un dollar à New York n'était plus égal à un autre dollar à San Francisco). Par contre en étant échangeables entre elles à tout moment et en tout lieu contre la monnaie émise par la Banque centrale, les différentes monnaies bancaires privées sont rendues homogènes. Le moyen de réglement créé dans la relation de crédit entre une banque et un emprunteur, est validé comme élément de «l'équivalent général».

Il y a deux façons différentes de concevoir les relations entre monnaies bancaires privées et monnaie centrale, qui toutes deux ont le tort d'éliminer les tensions possibles entre ces deux formes de monnaie! *La première consiste à privilégier le rôle de la «base monétaire»,* réserves des banques de second rang auprès de la Banque centrale et billets émis par celle-ci, comme source de l'approvisionnement général en monnaie. La monnaie centrale induit par multiplication la monnaie scripturale. C'est la description quantitativiste. Elle permet d'imputer à l'Etat les désordres de la monnaie : trop de monnaie émise, par exemple en contrepartie d'un déficit budgétaire : monnaie «facile», source d'inflation. C'est l'action de l'Etat qui est à l'origine de la crise monétaire. Idée qui méconnaît les déséquilibres économiques et financiers privés. *Une autre conception part au contraire des opérations de crédit entre banques et entrepreneurs.* Puisque le système bancaire fournit les moyens de paiement demandés par les entreprises pour leurs activités économiques, il ouvre le circuit général des transactions, qui se ferme lorsque les emprunts ont été remboursés après les ventes de la production. Les seuls déséquilibres possibles viennent alors des entreprises : mévente des produits, insuffisance des recettes, incapacité de rembourser la banque, faillite. Ce qui peut affecter une banque, sans pour autant mettre en cause le système bancaire. La «loi des débouchés» assurerait la fermeture du circuit ouvert par les opérations de crédit entre banques et entreprises, quels que soient les troubles affectant les entrepreneurs malheureux. Le rôle de la monnaie bancaire n'est nullement troublé.

Dans aucune de ces conceptions l'on ne sort vraiment de la logique de la loi de Say. La production de monnaie par le système bancaire ne pose pas de problème sauf si elle est affectée par une action intempestive de l'Etat. Celui-ci est le seul à pouvoir à la fois produire de la monnaie (par la Banque centrale) et l'utiliser (pour ses dépenses), alors que les banques privées ne peuvent dépenser la monnaie qu'elles émettent et que les entrepreneurs ne peuvent produire la monnaie qu'ils utilisent : d'où la recherche d'une neutralisation de l'Etat, extérieur à l'activité économique «réelle» ou «naturelle».

Si par contre la crise économique est un résultat de l'activité des entreprises, la crise monétaire qui lui est associée, et qui résulte de l'activité des banques, *affecte la relation entre monnaies privées et monnaie centrale,* selon une conception différente des deux précédentes.

Comme toutes les entreprises privées, les banques prennent des risques sur le marché qui est le leur, celui du crédit. Une entreprise qui emprunte pour payer ses équipements et ses salariés, peut être incapable de rembourser, ce qui entraîne la dévalorisation de créances à l'actif de la banque prêteuse. Les épargnants peuvent perdre confiance et retirer leurs dépôts de la banque ébranlée. Celle-ci, puisqu'elle ne peut produire de la monnaie pour l'utiliser sur elle-même, doit emprunter à d'autres banques, ou faire appel à la Banque centrale, qui intervient comme *«prêteur en dernier ressort».* Celle-ci est la seule à pouvoir le faire sans risquer elle-même d'être entraînée dans une faillite. Elle évite que les faillites bancaires ne débouchent sur une crise du système des paiements à l'échelle sociale.

Au plan purement «micro-économique», cette intervention de la Banque centrale est «irrationnelle»! Si le marché condamne les banques à faire faillite et les épargnants à en subir les conséquences, cela fait partie des risques de l'entreprise. En «bouchant les trous» avec sa propre monnaie, la Banque centrale procède à une intervention «macro-économique» extérieure à la logique du marché. Mais le problème est que celle-ci est *incapable* de rendre compte du caractère social de la monnaie, qui s'exprime dans la relation entre monnaie centrale et monnaies de banques. L'émission de monnaie centrale n'est pas une intervention étatique *artificielle* sur un marché monétaire donné, elle *fait partie* des conditions de fonctionnement de ce marché. De même qu'il n'y a pas de marchandises sans monnaie, il n'y a pas de monnaies de crédits privées sans monnaie centrale.

Il en résulte une *«centralisation conflictuelle» particulière entre Banque centrale et banques de second rang,* dont seules les modalités varient selon les mesures gouvernementales concernant le rôle de la Banque centrale comme prêteur en dernier ressort. Au cours de la Grande Dépression des années 1930, des réformes bancaires avaient été réalisées par l'Administration Roosevelt, en particulier l'assurance des dépôts dans les banques commerciales et les institutions d'épargne par un organisme fédéral, dans les limites d'un certain montant : en 1984 jusqu'à 100 000 dollars, moyennant une prime à un taux unique. A la suite d'une augmentation des faillites bancaires (d'une moyenne de 6 par an entre 1946 et 1981 à 42 en 1982 et 48 en 1983) et dans le cadre des mesures de «dé-régulation» en œuvre depuis 1980, la discussion de ce système s'est développée. En même temps que celle du rôle de la Banque centrale comme prêteur en dernier ressort, dont l'assurance-dépôt est un aspect particulier (relevant toutefois d'un organisme public différent). Le principe général de l'assurance est lui-même discuté, puisqu'il pose le problème de ce que les économistes américains appellent «moral hazard» : effet pervers d'encouragement à prendre des risques du fait que ceux-ci sont «couverts», ce qui s'applique aussi bien à l'assurance privée contre l'incendie souscrite par un particulier, qu'à l'assurance-dépôt d'une banque. Mettons ici entre parenthèses l'industrie new-yorkaise de l'incendie volontaire provoqué pour toucher l'assurance. Les déposants assurés contre le risque (les sommes supérieures à 100 000 dollars peuvent être fractionnées en plusieurs comptes et donc assurées quand même, autre pratique américaine), savent que l'Etat protégera leur argent quoiqu'il arrive. Les institutions financières sont encouragées à prendre des risques excessifs, d'autant plus élevés que la prime est la même dans tous les cas. Cependant, quelles que soient les solutions de rechange envisagées (passage à une assurance privée[34], modulation du montant de la prime, etc.), *il n'y a aucune alternative qui élimine le rôle de l'organisme public comme prêteur en dernier ressort.* Il est possible d'augmenter le rôle de l'assurance privée mais le problème est alors d'assurer les compagnies d'assurance. Ou de supprimer tout système d'assurance et de le remplacer par une intervention modulée de la Banque centrale rendant le coût du re-financement bancaire incertain quant à son montant et sa date[35]. Mais en tout état de cause le rôle de prêteur en dernier ressort joué par la Banque centrale ne peut être supprimé.

Quand en mai 1984 la Continental Illinois National Bank and Trust Co., une des plus grandes banques américaines (la septième) subit des retraits massifs de dépôts, elle fut provisoirement tirée d'affaire par les prêts d'autres banques, à l'initiative de l'organisme fédéral d'assurance (Federal Deposit Insurance Corp.) hérité des années 1930. En une semaine, neuf milliards de dollars de dépôts avaient été retirés (sur un total d'environ 28). La Continental Illinois était une banque solide (en tête du crédit commercial et indus-

34. Cf. l'initiative de la «Citicorp» prenant une assurance privée contre les risques de certains prêts accordés à des pays en voie de développement (*Le Monde,* 14 septembre 1984).

35. Cf. Ch. P. Kindleberger et J.-P. Laffargue, éd., *Financial Crises, Theory, History and Policy,* CUP/Maison des Sciences de l'homme, 1982, pp. 242-250.

triel en 1981); elle a souffert de la récession affectant les entreprises, les affaires de pétrole et les créances sur l'étranger. Les milliards de dollars prêtés par l'organisme fédéral d'assurance lui donnèrent un répit, ainsi que la vente d'actifs (environ 12 milliards sur 42 au total); mais quelques mois plus tard le destin de la banque, presqu'entièrement pris en charge par l'Etat, restait incertain. Lorsqu'à son tour la Financial Corp. of America (en tête des institutions d'épargne) s'est trouvée en difficulté, d'autres solutions ont été recherchées, d'abord le changement de direction, puis la vente d'actifs, avec cependant l'intervention d'un autre organisme public (Federal Home Loan Bank Board). Les leçons provisoires de ces sauvetages sont multiples. D'abord, *l'Etat ne peut pas empêcher une crise financière de se produire qui affecte la monnaie bancaire privée*. En l'occurrence les retraits de dépôts hors de la banque menacée indiquent que celle-ci n'est plus considérée comme émettrice d'une monnaie fiable. L'intervention publique cherche à lui donner une nouvelle assise sociale en maintenant l'équivalence de sa monnaie avec la monnaie d'Etat. Cette action viole «la discipline du marché», disent des banquiers américains mécontents des modalités du sauvetage de Continental Illinois[36], ce qui est exact puisque la faillite aurait dû être la sanction, comme elle l'a effectivement été pour de petites banques abandonnées à leur sort. Mais les formes de l'intervention concernant la Continental Illinois sont davantage en cause que l'intervention elle-même. L'émission de monnaie de crédit par les banques répond à des critères de gain maximum qui relèvent d'une «rationalité privée». *La gestion macro-économique du système des paiements à l'échelle sociale ne supprime pas l'instabilité monétaire, mais elle empêche celle-ci de dégénérer en crise générale de la monnaie*. Ce qui passe nécessairement par l'intervention d'organismes publics prêteurs en dernier ressort.

Soit une monnaie unique, le dollar. Une «offre de monnaie» réglée en fonction du taux de croissance de l'économie, par la demande de crédit des entrepreneurs, ou par une règle d'or à laquelle est soumise la Banque centrale. Les marchés sont «efficients», la spéculation est stabilisatrice, la faillite sanctionne les erreurs de gestion. Il ne peut y avoir de crise monétaire si l'Etat respecte les règles du marché et n'entretient pas les maux qu'il est censé soigner. Du moins c'est ce qu'affirme l'orthodoxie.

Cette vision est fausse ! La monnaie unique a deux composantes, l'une qui est privée (monnaie des banques), l'autre publique (mon-

36. Cf. *Business Week,* numéros du 4 juin et du 17 septembre 1984.

naie Banque centrale). La seconde est appelée par la première, mais celle-ci a besoin de la monnaie centrale. Grâce à elle, les problèmes de *solvabilité* (créances douteuses d'une banque) sont traités comme des problèmes de *liquidité* (approvisionnement en «cash» par l'Etat) comme s'il y avait des «réserves publiques» (correspondant à la fonction «réserve de valeur» de la monnaie). Le maintien d'un système de paiements se fait par l'articulation des deux monnaies (dites «scripturale» et «fiduciaire»). Et les déséquilibres monétaires prennent la forme de tensions entre monnaies bancaires privées (scripturales) et monnaie centrale (fiduciaire).

Quelle que soit la conjoncture, le marché monétaire entre banques prêteuses et emprunteuses de réserves («fonds fédéraux», comptes courants des banques auprès de la Banque centrale) est normalement le lieu où s'expriment les besoins des banques en monnaie centrale. Dans le système américain, la Banque centrale intervient en vendant des bons du Trésor, ce qui diminue les réserves des banques et pousse à la hausse *un taux d'intérêt monétaire qui est le «prix de marché des réserves»* [37]. La démarche inverse consiste en l'achat de bons du trésor qui augmente l'offre de monnaie centrale. Cette gestion du système des paiements diffère des opérations de sauvetage qui pallient les défaillances des grandes banques, mais elle fait également intervenir la Banque centrale comme *prêteur en dernier ressort. Elle ratifie, à un coût variable, une création de monnaie dont elle n'est pas l'instigatrice.* Ses interventions ne peuvent pas susciter le crédit privé qui dépend principalement des relations entre banques et entreprises : ce n'est pas «l'argent facile» qui est à l'origine de la croissance économique, il ne fait que l'accompagner et la favoriser. A l'inverse, une restriction puissante du re-financement des banques par la Banque centrale ne provoque pas la crise économique, mais elle la *cristallise.* Ainsi la politique monétaire restrictive (inspirée par l'idéologie monétariste) du début des années 1980, n'a pas suscité la dépression américaine de 1982, mais elle en a fixé le cours et l'étendue. Elle a précipité la faillite des faibles et favorisé la concentration des forts, les plus vulnérables étant pénalisés par la cherté du crédit [38].

Aussi est-il nécessaire d'élaborer une véritable théorie de la monnaie, capable d'articuler ses différentes formes : émission de

---

37. Cf. D. K. Foley, *Money, Accumulation, Crisis,* Barnard College, Columbia University, New York, mai 1984, p. 50. Et voir plus loin, chapitres IV et V.

38. Cf. plus loin, chapitre V.

nominal par les Banques centrales et monnaie de crédit à partir des opérations de financement privées, dans un rapport de «centralisation conflictuelle». Les prix particuliers que sont le taux de change et le taux d'intérêt ne pourraient être compris que dans cette perspective, en rupture avec la conception monétariste.

Chapitre IV

CRÉDIT ET CAPITAL
FINANCIER

La monnaie est *inscrite dans* le fonctionnement du mode de production capitaliste et non *ajoutée* à une «économie réelle». Sous sa forme contemporaine, elle est monnaie-de-crédit, sans référence à un étalon-or. Elle ne s'identifie pas pour autant au *crédit,* ici considéré comme prêt d'argent servant au financement de la production capitaliste. Sans doute le crédit présuppose-t-il la monnaie étalon des prix et moyen de règlement. Mais il ne s'en déduit pas[1]. Il est un rapport économique particulier, qui se greffe sur la circulation du capital, et affecte les modalités de l'accumulation.

Le prêteur d'argent reçoit des titres de crédit sur une partie du produit futur, sans lui-même participer directement à la production. Son rôle de «capitaliste financier» se distingue de celui de l'emprunteur, «capitaliste industriel», qui met en œuvre du «capital réel», c'est-à-dire des moyens de production matériels (équipements, matières premières). Quoique comptabilisés en monnaie, ces moyens de production diffèrent des titres financiers, actions, obligations, bons divers. On aurait alors deux notions de capital, celle qui désigne les actifs physiques et celle qui désigne les actifs financiers. De leur articulation dépend la signification économique du crédit, en relation avec celle du capital financier.

Après un rappel de la tradition orthodoxe, qui privilégie le

1. Cf. S. de Brunhoff, *Les rapports d'argent,* Maspéro, 1979, page 88.

«capital réel», l'analyse du crédit se situera dans la tradition de Marx et de Hilferding (I). Ensuite seront examinés le rôle des banques comme créancières des «pays en voie de développement» et la portée de l'aménagement des dettes de ces pays (II).

I / Du capital «réel» au capital financier

1. La tradition orthodoxe

L'idée la plus répandue est la suivante : à l'origine commune de la formation du «capital réel» et des titres financiers, se trouve une *épargne* des ménages, prêtée notamment aux entreprises qui sont les emprunteurs principaux. L'épargnant renonce provisoirement à consommer tout de suite tout son revenu, et il peut alors prêter pour une durée déterminée le droit de disposer d'une certaine somme à un entrepreneur incapable de s'autofinancer complètement et qui, le moment venu, remboursera son créancier sur les recettes des ventes de ses produits, après avoir assuré le service de la dette (versements d'intérêts ou de dividendes).

Cette opération, d'apparence simple et familière, comporte en réalité *trois aspects dont l'articulation ne va pas de soi :*

1/ Le prêt d'argent se substitue à un prêt direct de biens réels (qui serait fait de l'épargnant à l'investisseur) et il affecte l'offre et la demande de biens de consommation par rapport à celle de biens de production (ceux-ci figurant le «capital réel») ;

2/ Le prêt se matérialise dans la vente (par l'emprunteur) et l'achat (par le prêteur) d'un titre financier, qui a un prix de marché particulier, puisque par exemple il peut être vendu en Bourse : et voilà l'introduction du second aspect du capital, l'aspect financier;

3/ C'est de l'argent qui est prêté, or la monnaie a aussi un «prix» particulier, le taux d'intérêt pratiqué par le système bancaire.

Ces trois aspects s'articulent de façon différente selon les théories économiques et les définitions de la richesse, du capital, de l'intérêt et du profit ainsi que celle de la monnaie. Les auteurs orthodoxes ont tendance à privilégier le «rendement réel» des biens épargnés et à faire du taux de l'intérêt un prix *relatif,* celui de l'équilibre entre offre et demande d'épargne sur un marché financier. Quant aux variations du taux d'intérêt *monétaire,* elles sont rapportées aux changements de la quantité de monnaie qui affecte le niveau général des prix, ce qui renvoie à la théorie quantitative. En l'absence d'un concept de monnaie en relation avec celui de la marchandise d'un côté, et celui du capital-argent de l'autre, les fluctuations monétaires sont attribuées au caractère extérieur de l'offre de monnaie par rapport à l'économie «réelle». Les déséquilibres naissent d'une intervention intempestive des banques, par exemple.

Ainsi *Hayek* explique-t-il certaines crises économiques du XIXe siècle[2]. Quand il y a égalité entre le montant du capital-argent et celui de l'épargne courante, les intentions des consommateurs et celles des entrepreneurs coïncident, dit Hayek.

Le crédit accordé par les premiers aux seconds correspond au placement d'une épargne et il en résulte un taux d'intérêt d'équilibre sur «le marché du capital». Par contre, une expansion de crédit bancaire peut se produire, qui incite les entrepreneurs à augmenter leurs investissements, sans augmentation correspondante de l'épargne. Le résultat en est une crise de *sur-consommation* (opposée par Hayek à celle de sous-consommation). Elle traduit à la fois la rareté du capital et la surabondance des biens d'équipement (capacités de production inutilisables). Produit d'une augmentation de l'émission de monnaie *par les banques,* le *«capital fictif»* exprime une distorsion du marché du capital.

Cette notion de «capital fictif» dérive de la conception économique dominante concernant la double forme du capital; biens de production matériels; argent prêté en tant qu'il rapporte le taux d'intérêt et emprunté si son emploi productif est avantageux pour l'entrepreneur. *Walras* distingue[3] le «marché des capitaux» où ceux-ci se vendent et s'achètent et qui est un véritable marché, du «marché du capital-monnaie» ou «capital-numéraire», où l'argent se loue moyennant un intérêt. Or, dit-il, «la clé de la théorie du capital se trouve dans l'élimination du prêt du capital *en numéraire* et dans la considération exclusive du prêt du capital en nature». Le taux d'intérêt «se manifeste sur le marché du capital numéraire, c'est-à-dire en banque (...), mais (...) sa réalité se détermine sur le marché des capitaux, c'est-à-dire en bourse»[4]. Chez Walras, la prédominance du «réel» et la méconnaissance du «monétaire» débouchent sur la

2. Cf. «Price expectations, monetary disturbances and malinvestments», 1933, repris dans *Profits, interest and investment,* Londres, 1939.

3. *Elements d'Economie politique pure,* 1900, nouvelle édition, Paris, 1976, pp. 268-269.

4. Id., page 268. Il s'agit de la Bourse, bien entendu.

priorité non seulement des biens de production matériels, mais du prêt du «capital en nature»...

Dans la logique de «l'économie réelle» qui serait l'économie fondamentale, selon la conception orthodoxe, la signification économique du taux d'intérêt est incompréhensible [5]. Il y a scission entre un taux «réel», qui renvoie à un marché du capital «en nature», et un taux bancaire, qui serait un prix fictif puisqu'il est fixé en dehors d'un véritable marché. *Seul le premier est pris au sérieux,* comme prix d'équilibre entre l'investissement et l'épargne portant sur des biens capitaux réels. Par contre le second dépend de la création de crédit par le système bancaire, qui permettrait de réaliser des investissements auxquels ne correspondrait aucune «épargne véritable» : ce serait un viol des équilibres fondamentaux de caractère «réel». Ceux-ci impliquent que les agents économiques privés disposent librement de leurs ressources, sans avoir la main forcée par le système bancaire, lequel semble alors être extérieur à l'économie.

Cette conception a été fondamentalement mise en cause par Keynes[6] *et Kalecki*[7], qui ont montré comment l'investissement engendre l'épargne nécessaire à son propre financement, *le taux d'intérêt n'étant pas le prix d'équilibre de la demande et de l'offre de capital.* Elle survit néanmoins sous de nouvelles formes, comme on le verra plus loin, notamment dans le cas de la dette des pays en voie de développement. Sa fonction n'est pas seulement de prôner l'équilibre des marchés, mais de contribuer à *préserver la propriété privée de capital, dont le crédit peut brouiller les frontières.*

La grande faiblesse logique de l'analyse orthodoxe tient ici à son incapacité à saisir la nature du crédit comme *prêt d'argent.* Partie de l'économie «réelle», à laquelle elle doit ensuite ajouter la monnaie, elle est le plus souvent réduite à une conception quantitative qui ne peut rendre compte du rôle du crédit. Keynes fait remarquer [8] que «l'intérêt est un paiement en contrepartie d'un prêt de *monnaie»;* il critique un auteur comme Marshall qui en fait le «prix payé pour l'usage de capital» : son point faible, dit Keynes, «réside essentiellement dans l'introduction du concept d'intérêt, qui appartient à une économie

5. Dans *The Theory of interest,* Reprints, New York, 1961, I. Fischer ne résoud pas cette question.

6. *Théorie générale de l'emploi, de l'intérêt et de la monnaie,* Trad. fse, Payot, 1963, chapitres 7 et 14.

7. Cf. *Selected Essays on the Dynamics of capitalist Economy,* Cambridge University Press, 1971, p. 83.

8. *Théorie générale...,* o.c., pp. 201-205.

monétaire, dans un traité qui ne tient pas compte de la monnaie».

Quand le point de départ de l'analyse est *l'économie monétaire,* avec la notion de *crédit* celle de *capital* se trouve mise en cause. Ainsi que la relation entre *profit* et *intérêt.* Questions que l'analyse marxiste permet d'éclairer, en rompant avec la tradition orthodoxe.

2. La tradition de Marx et Hilferding

Considérés en eux-mêmes, les équipements productifs ne sont pas du capital, de même que l'or comme tel n'est pas de la monnaie, écrit Marx[9]. Le capital n'est pas une chose ou un ensemble d'objets, même quand il apparaît sous une forme matérielle. Il est fondamentalement un «rapport de production» entre capitalistes et ouvriers salariés de l'industrie. Le produit du «surtravail» ouvrier[10], approprié par les employeurs, est la source du profit capitaliste. C'est ce rapport social qui constitue l'unité de la notion de capital, au travers des diverses formes de la production et de la circulation.

Comme le «capital réel», moyens de production matériels, le «capital-argent» doit être rapporté à la dynamique de la production de profit. Les deux s'articulent dans le circuit du capital, schématisé par Marx de la façon suivante :

$$A - M \dots P \dots M' - A'$$

A, argent avancé pour l'achat de moyens de production M, y compris le versement des salaires. P, procès de production. M', marchandises produites avec un surplus $(M + m)$. A' argent tiré de la vente des marchandises M' et supérieur à la somme avancée $(A + a = A')$. Sans avance d'argent, il n'y a ni ouverture du circuit ni production de capital «réel»; sans travail productif, il n'y a pas de surproduit approprié par l'entrepreneur, ni de capital-argent.

Des diverses formes prises par le capital productif, c'est celle de l'argent, A, qui ouvre et qui ferme le circuit. La somme utilisée pour l'achat de biens de production et le paiement des salaires est définie comme «capital-argent». Elle peut correspondre à un auto-financement. Elle peut aussi être empruntée par le capitaliste industriel à un propriétaire de fonds (appelons-le «capitaliste financier»), de sorte que sur le circuit initial du capital se greffe un capital-argent de prêt :

9. *Le Capital,* o.c., volume III, tome 8, p. 193.
10. Travail dépensé en sus du «travail nécessaire» qui permet la reproduction de la force de travail ouvrière.

$$A^* - A - M \dots P \dots M' - A' - A^*$$

A* désigne la somme empruntée et A*' le remboursement du principal et l'intérêt versé. Ce dernier est *par nature une partie du profit* (l'un *et* l'autre tirant leur origine de la plus-value). Capitaliste industriel et capitaliste financier appartiennent à une même classe de propriétaires des moyens de production (au sens large, y compris le capital-argent). Cependant cette commune appartenance ne supprime pas la différence de leurs rôles. Le capitaliste industriel qui emprunte doit payer un intérêt comme prix du capital-argent prêté par le capitaliste financier, ce qui affecte le niveau de son profit d'entreprise. L'intérêt à payer est plus ou moins élevé selon le rapport des forces entre prêteurs et emprunteurs qui s'affrontent sur un marché particulier du crédit de capital (argent). L'abstraction qui consiste à présenter isolément les deux capitalistes, l'industriel et le financier, permet de définir *la nature de l'intérêt* comme *partie du profit* ; elle doit ensuite céder la place à l'étude de ce qu'on pourrait appeler, avec P. Grou, «le marché financier des signes de valeur du capital», où se forme *le montant* du taux d'intérêt.

S'il existait seulement des capitalistes industriels, capables de s'autofinancer, le prêt de capital-argent n'existerait pas, ni l'intérêt à verser aux capitalistes financiers. On en resterait à la relation économique fondamentale, selon Marx, entre propriétaires des moyens de production et travailleurs salariés. Bien entendu des relations de prêts de toute sorte pourraient se nouer, en relation ou non avec le commerce. Aussi bien l'ardoise du consommateur impécunieux chez l'épicier, que les délais de paiement accordés par un fournisseur à un client, ou que les prêts de biens divers entre particuliers. Quant à la gestion des fonds de l'entreprise, elle serait confiée à des spécialistes appointés à cet effet. En cas de besoin, il pourrait être fait appel à des institutions particulières pratiquant une forme du «crédit gratuit» préconisé par Proudhon. Ainsi seraient économisés les frais financiers qui pèsent sur l'entreprise et qui constituent les revenus de capitalistes «improductifs», propriétaires d'argent. Ceux-ci sont souvent considérés comme des parasites sociaux et la méfiance dont ils sont l'objet s'est étendue à toute la catégorie des «rentiers». Dans cette tradition séculaire, Marx n'a pas été le dernier à vilipender les financiers de toute espèce !

Et pourtant il juge tout à fait utopique la proposition de «crédit gratuit» avancée par Proudhon et il considère que le capitaliste industriel ne peut pas se passer de la finance, de la Bourse, des banques. Quelques notes, trop brèves, indiquent l'importance du «système du crédit»[11] : mobilité des capitaux (nécessaire pour le transfert de ceux-ci et l'égalisation tendancielle du taux de profit), accélération des paiements, centralisation des fonds indispensable pour produire à grande échelle (cas des sociétés par actions finançant la construction de chemins de fer). Mais cela n'est pas encore suffisant pour donner de la consistance au capitaliste financier. D'autant que l'on pourrait se demander pourquoi celui-ci ne se ferait pas lui-même industriel, lorsque le taux d'intérêt auquel il prête ses fonds est inférieur au profit d'entreprise[12]. Si la distinction est maintenue entre capitaliste industriel et capitaliste financier, c'est qu'elle est enracinée dans la différence des formes entre capital-argent et capital-marchandise. *De même qu'il n'y a pas de marchandise sans monnaie, il n'y a pas de capital productif sans capital argent, ni de capital industriel sans capital financier.*

La polarité entre marchandise et monnaie (M/A), devient polarité entre titres (marchandises financières) et monnaie. La dualité des formes de la monnaie (monnaie scripturale des banques, monnaie banque centrale), cède ici la place à celle des types de crédit (capital de prêt du financier/crédit bancaire). Les tensions inhérentes à l'usage de monnaie apparaissent maintenant sous de nouvelles formes. Le système du crédit comporte lui-même de multiples institutions, la Bourse, la Banque. Du taux d'intérêt bancaire, contrôlé par la Banque centrale[13] se distinguent les taux d'intérêt des prêts sur les marchés financiers. Ces différences ont conduit certains auteurs évoqués plus haut, à parler de *«capital fictif»* pour désigner les crédits bancaires qui induisent une formation de titres sur le «marché du capital». Marx en propose une analyse toute différente.

La forme argent du capital, A, ouvre et ferme le circuit capitaliste A — M — A', de telle sorte qu'il est possible de la considérer en elle-même, et de «court-circuiter» non seulement la forme marchandise (moyens de production, produits), mais le procès de production tout entier. A — A' : argent engendrant de l'argent comme le poirier porte des poires, dit Marx, à propos du capital de prêt (financier). Avec la forme marchandise du capital et le procès de production, disparaissent le salariat et le profit d'entreprise. «L'intérêt apparaît comme le produit véritable et caractéristique du capital». C'est pourquoi, selon Marx, le capital porteur d'intérêt est «la forme la plus fétichisée du rapport capitaliste».

11. Cf. *Le Capital,* volume III, tome 7, chapitre 27.
12. Cf. D.-K. Foley, «Money, Accumulation, Crisis», Barnard College, Columbia University, mai 1984, pp. 42 et suiv.
13. Cf. plus haut, chapitre III.

Ici le «capital fictif» prend un *sens nouveau,* différent de celui qui a été évoqué plus haut (comme résultat du crédit bancaire, inducteur d'investissements en biens de production sans correspondance avec une épargne préalable, selon la conception de Hayek). Il reflète une *contamination* de toutes les sources de revenus par la forme la plus fétichisée du capital, celle du capital financier porteur d'intérêt. Comme si tous les individus étaient propriétaires de capitaux produisant des revenus, y compris d'eux-mêmes. Le salaire lui-même devenant le revenu d'un «capital humain» dont les travailleurs sont propriétaires (à moins qu'ils ne soient des esclaves). « ... La force de travail serait le capital qui rapporte (cet) intérêt. Si par exemple le salaire d'une année est de 50 livres sterling et si le taux d'intérêt est de 5 %, la force de travail est assimilée à un capital de 1 000 livres sterling» [14]. Commentaire de Marx : «L'absurdité du mode de représentation capitaliste atteint ici son point culminant : au lieu d'expliquer la mise en valeur du capital par l'exploitation de la force de travail, on explique au contraire la productivité de la force de travail en faisant de celle-ci cette chose mythique : du capital productif d'intérêt».

Il faut pourtant distinguer de cette «représentation insensée» du salariat, qui met les choses sens dessus dessous, autre chose qui relève d'une pratique effective, la circulation financière des titres de propriété représentant du capital. Le «capital fictif» est alors une forme fétiche du capital financier. «On appelle capitalisation la constitution du capital fictif. On capitalise n'importe quelle recette se répétant régulièrement, en calculant, sur la base du taux d'intérêt moyen, le capital qui, prêté à ce taux, rapporterait cette somme; par exemple si la recette annuelle est de 100 livres sterling et le taux d'intérêt de 5 %, les 100 livres sterling seraient l'intérêt annuel de 2 000 livres sterling, et les 2 000 livres sterling passent pour la valeur-capital du titre de propriété qui, juridiquement, ouvre droit aux 100 livres sterling annuelles. Pour quiconque achète ce titre de propriété, les 100 livres sterling de recettes annuelles représentent en fait l'intérêt du capital qu'il a placé à 5 %. Ainsi, il ne reste absolument plus trace d'un rapport quelconque avec le procès de mise en valeur du capital et l'idée d'un capital considéré comme un automate capable de créer de la valeur par lui-même s'en trouve renforcée». Marx parle ici de prêt d'argent, de taux d'intérêt, de titres de propriété achetés (vendus) : mouvement de A — A', déconnecté de la mise en valeur du capital, mais caractéristique d'une

14. *Le Capital,* volume III, tome 7, p. 128.

circulation financière relativement autonome par rapport à celle des marchandises et au procès de production. *Le «capital fictif» n'est pas opposé au «capital réel», mais au capital productif incluant l'avance de capital-argent.*

Aussi le «capital fictif» est-il lui-même une réalité *composite,* selon la *relation plus ou moins serrée qu'il entretient avec le circuit A − M − A' :*

— *Capitalisation* des revenus salariaux et force de travail conçue comme un capital rapportant un intérêt? «Comble de l'absurde».

— *Capitalisation des intérêts* de la dette publique (rente ou créances diverses sur l'Etat): «Illusoire», non seulement parce que la somme prêtée à l'Etat n'existe plus, mais aussi, selon Marx, parce qu'elle n'avait jamais été destinée à être investie dans la production.

— *Prix de marché des actions* de sociétés de chemins de fer, charbonnage, compagnies de navigation, etc.? Autre affaire. Ce sont des *titres de propriété donnant droit à une partie de la plus-value* que les investissements des entreprises vont permettre de réaliser, une accumulation de droits sur une production future. Titres ayant une «valeur-capital fictive», et dont les prix dépendent des fluctuations de la Bourse et de la conjoncture, mais reflétant à leur manière des mouvements de l'accumulation capitaliste.

C'est seulement avec ce troisième aspect du «capital fictif» tel que Marx le définit, que l'on saisit *la fonction du «capital financier», en relation avec les opérations de crédit.* Elle a deux aspect conjoints, bien que ceux-ci puissent être opposés l'un à l'autre :

— fonction *nécessaire* pour la collecte et la répartition des fonds qui financent les investissements,

— et cependant fonction *parasitaire,* en ce sens que le capital financier se comporte de façon relativement indépendante par rapport au financement des investissements productifs.

Si l'accent n'était mis que sur le premier aspect, le crédit, comme prêt d'argent, pourrait être déconnecté du *marché financier* comme lieu particulier d'évaluation des titres sur les entreprises. Il suffirait d'utiliser le système bancaire comme organisme d'«intermédiation financière». Or, on a vu que pour les économistes orthodoxes, c'est la Bourse qui est le véritable «marché du capital», alors que le crédit bancaire suscite la méfiance. C'est que celui-ci a *un caractère centra-lisateur, qui semble diluer les frontières de la propriété privée d'argent.* D'ailleurs les réformes à la Proudhon font d'une banque nationale le pourvoyeur du «crédit gratuit». Par contre, quel que soit le rôle effectif des banques comme partie intégrante du capital financier[15], les économistes orthodoxes privilégient la Bourse comme «marché du capital», où la «véritable épargne» des agents économiques privés serait rémunérée. Leur erreur concernant les mécanismes du crédit résiste à l'analyse logique, car elle est enracinée dans l'attachement à la conservation des avoirs individuels.

Le second aspect du «capital financier», dont les mouvements sont relativement indépendants de ceux du capital productif, a un caractère fondamental. Il reflète la liberté de manœuvre du capital-argent vis-à-vis de risques jugés excessifs ou de menaces d'expropriation. L'exemple le plus célèbre est celui de la «hot money» des années 1930, les capitaux européens allant se réfugier aux Etats-Unis où pourtant le taux d'intérêt était inférieur à celui des places européennes. Ce cas *extrême* est révélateur du comportement *normal* des opérateurs : la spéculation, qui détermine les prix des actifs sur le marché financier, réagit à tout ce qui semble mettre en cause le principe même de la finance privée[16].

La seule expropriation tolérée par les détenteurs d'argent est celle qui résulte du jeu même du marché financier, quand se produit une «absorption du capital par le capital»[17]. Or le fonctionnement *effectif* du marché est dominé, de façon constante, par des «investisseurs institutionnels», et de grands groupes industriels. En période de crise économique, la concentration financière, sous la forme de fusions, absorptions, prises de participation, s'accroît[18]. Dans les termes de la théorie orthodoxe, une réallocation du capital s'effectue, conformément aux nouveaux besoins de l'économie. Les effets de domination, quand ils sont pris en compte, sont considérés comme une simple imperfection du marché. Quant à l'expropriation par le jeu du marché financier, elle apparaît comme la sanction économique normale. Partie du seul «capital réel», la conception orthodoxe débouche sur le seul marché financier. Elle est incapable de

15. Le rôle des banques a été mis en lumière par Hilferding dans *Le capital financier,* traduction française, Editions de Minuit, 1970.

16. En France, en 1981, avant l'élection présidentielle, la Bourse a joué la ré-élection de V. Giscard d'Estaing, et les cours ont fortement augmenté : ils ont fortement baissé juste après l'élection du socialiste F. Mitterrand, comme si la finance lançait à l'Etat un avertissement concernant le respect de la propriété privée du capital.

17. Marx parle de la centralisation du capital comme d'une «attraction du capital par le capital».

18. Cf. M. Aglietta, *Régulation et crises du capitalisme,* Calmann-Lévy, 1976 et P. Grou, *La structure financière du capitalisme multinational,* Presses de la Fondation nationale des Sciences politiques, 1983.

saisir la relation entre le fonctionnement du marché et les structures du capital.

Par contre, la notion marxiste de «capital financier» permet d'entreprendre l'analyse des rapports entre le capital productif et le système du crédit, car elle tient compte des particularités du capital-argent. Celui-ci ouvre et ferme le circuit capitaliste décrit plus haut [19] et en exprime l'unité par la formule A — A', qui désigne la mise en valeur de l'argent initialement avancé comme capital potentiel. A' (soit A, l'argent avancé, + a, la plus-value), indique que les revenus capitalistes ont pour origine commune la valeur produite par du travail non payé. La distinction du profit d'entreprise et du taux d'intérêt se rapporte aux modalités de la distribution du capital-argent entre capitalistes prêteurs de fonds (financiers) et emprunteurs (industriels). Elle reste fondée, quelle que soit l'étroitesse des liens entre institutions financières et grandes sociétés dans le capitalisme contemporain. *Unité du capital-argent, diversité de la propriété des fonds* : sans ces deux aspects il n'est pas possible de comprendre la relation entre profit et intérêt.

3. Crédit et taux d'intérêt

L'intérêt qui rémunère le prêt d'argent a nécessairement un caractère monétaire ou financier. Il se présente sous des formes diverses : on a évoqué celle du taux de marché des réserves en monnaie centrale, à l'intérieur du système bancaire, et celle du taux d'intérêt des prêts que les entreprises non bancaires se font entre elles. Même en excluant le «taux naturel» des théories orthodoxes, dont on a vu le caractère fallacieux, il reste à comprendre comment le taux d'intérêt est une catégorie unique. Ce n'est pas *l'origine* de l'intérêt comme revenu dérivé du profit capitaliste qui est en cause, mais *la diversité de ses manifestations*.

D. K. Foley analyse d'abord le crédit entre financiers et industriels [20], en faisant abstraction des opérations des ménages et de la dette publique, ainsi que des intermédiaires financiers de toute sorte. Les fluctuations de marché du taux d'intérêt par rapport au taux de profit dépendent essentiellement des rapports de force entre prêteurs et emprunteurs. Si beaucoup d'entreprises qui s'endettent ont une position financière relativement faible, leurs emprunts

19. Cf. p. 131 de ce chapitre.
20. O.c., pp. 45-46.

peuvent faire augmenter le taux d'intérêt par rapport au taux de profit, et affecter les nouvelles dépenses de capital productif. Le prix élevé de l'argent est alors signe de crise économique globale, en même temps qu'il indique une redistribution des actifs entre les entreprises.

Le taux d'intérêt du marché financier ne dépend pas directement de l'intervention de la Banque centrale. Par contre, celle-ci contrôle le taux auquel elle approvisionne les banques en réserves sur le marché monétaire[21]. Elle influence ainsi le volume du crédit bancaire, en agissant sur une partie des charges des banques. Le niveau du taux monétaire reflète la gestion du crédit bancaire par la Banque centrale. Si, par hypothèse, la seule monnaie en circulation consiste en dépôts (au passif des banques, dont les actifs sont constitués de créances sur les emprunteurs), *l'action centrale sur le prix du crédit bancaire peut aussi affecter la valeur relative de la monnaie nationale,* c'est-à-dire le taux de change de celle-ci en monnaies étrangères. Ainsi la politique monétaire du taux d'intérêt a-t-elle une double dimension, intérieure et internationale.

Entre les diverses formes du taux d'intérêt, ici limitées à deux, il y a une relation de marché, quand la concurrence tend sinon à égaliser leurs niveaux, du moins à les faire varier dans le même sens. Quand le taux bancaire est élevé, les financiers sont incités à augmenter le prix du crédit. On peut alors parler du taux d'intérêt, comme s'il y avait un marché financier unique. Mais loin d'être «autorégulé», il fonctionne de façon telle que la centralisation opérée par le système bancaire va de pair avec les opérations financières privées, décentralisées. Cependant, *l'unification* qui se rapporte au fonctionnement du système du crédit, est souvent confondue avec l'unité sous l'égide du taux d'intérêt monétaire qui serait imposé par l'intervention de la Banque centrale.

Ainsi, la politique américaine de restriction monétaire et de taux d'intérêt élevé, dans les années 1981-1982, est-elle souvent considérée comme la cause de la cherté du crédit et de l'asphyxie financière des entreprises débitrices : elle aurait alors été à l'origine de la crise économique. Mais en réalité, la politique monétaire du Federal Reserve System (Banque centrale américaine), a été *précédée* par une baisse du taux de profit des entreprises, au cours des années 1970, ainsi que par une redistribution internationale des flux financiers. Elle n'a pas suscité la crise des années 1981-1982, elle l'a

21. Ce marché monétaire entre organismes financiers fonctionne différemment selon les pays, sans justifier toutefois une distinction entre «économie d'endettement» (de type français) et «économie de marchés financiers» (de type américain).

seulement *gérée,* de façon que soit maintenu ou rétabli le pouvoir économique du capital-argent.

Sans doute le système capitaliste contemporain repose-t-il sur «une montagne de dettes», qui ne peuvent pas être soldées. C'est, comme le disait Marc Bloch[22], «un régime qui mourrait de l'apurement instantané de tous les comptes», car «il escompte sans trève les profits de l'avenir». Mais la dilution de la propriété du capital qui pourrait en résulter est incompatible avec le fondement même du système. C'est pourquoi, *à défaut du remboursement du principal, le paiement des intérêts est presque toujours exigé. Il est le signe de l'intangibilité du droit des «financiers» sur une partie du surproduit social.*

Encore faut-il que ce surproduit soit créé et que les charges financières ne pénalisent pas les investissements productifs au point d'affecter le procès d'accumulation, déjà atteint par la baisse des profits. La menace d'une crise financière générale est aujourd'hui tempérée par l'activité des Etats, «prêteurs en dernier ressort», et par la pratique des financiers eux-mêmes, qui essaient de concilier la récupération de leurs fonds et la survie économique des débiteurs les plus importants. La gestion de la dette du Tiers Monde par les grandes banques occidentales est à considérer dans cette perspective.

II / Les banques, le Tiers Monde et l'esquisse d'un New Deal financier

Les grandes banques occidentales sont ici considérées comme expressions d'un capital financier à vocation internationale. Et les emprunteurs en cause sont les pays en voie de développement dont l'endettement s'est considérablement accru au cours des années 1970[23]. Bien que la dette de ces pays ne représente qu'une partie des flux financiers internationaux, elle en est devenue le maillon faible et elle a *cristallisé au début des années 1980, les craintes d'un krach de la finance mondiale.* Pourtant, aux Etats-Unis, les «créances douteuses» sur les entreprises en difficulté provoquent des troubles, voire des faillites d'établissements financiers. Mais la fragilité du système est symbolisée avant tout par les difficultés de paiement des pays en voie de développement (PVD).

22. Dans *Esquisse d'une histoire monétaire de l'Europe,* Cahiers des Annales, n° 9, A. Colin, 1954, p. 93.
23. Cf. les chiffres donnés par P. Arnaud, *La dette du Tiers Monde,* Editions La Découverte, 1984, p. 50.

L'accroissement des prêts bancaires à ces pays s'est fait dans un contexte de stagnation des investissements dans les pays capitalistes développés, lors des années 1970. Pour placer leurs liquidités, les banques ont mené une politique agressive de crédit en direction des pays en voie de développement. Ce qui a été décrit comme le fonctionnement d'un «marché d'emprunteurs»[24], le rapport des forces étant favorable à ces derniers. Cette situation s'est complètement modifiée quand la crise économique a touché les exportations des PVD, et quand la forte hausse du taux d'intérêt américain a affecté tout le crédit international. Les pays les plus endettés se sont alors trouvés *dans l'obligation de prouver leur solvabilité, au moment où celle-ci était mise en cause. La menace d'une banqueroute a conduit les banques à chercher comment aménager les échéances financières de leurs débiteurs.* La crise a été provisoirement résolue en 1982, par une série de compromis, auxquels *le Fonds monétaire international*[25] a participé activement, *assurant une coordination centrale que le marché financier ne peut réaliser de lui-même.*

L'inquiétude a été particulièrement vive quand, à la fin de l'été 1982, le Mexique a suspendu ses paiements extérieurs. Ce pays producteur de pétrole, dont le taux de croissance entre 1976 et 1981 avait été de 8 % l'an, avait alors une dette extérieure de 80 milliards de dollars, la plus élevée avec celle du Brésil[26]. Quelques chiffres donnent une indication de l'étroitesse de ses liens avec les Etats-Unis : 30 milliards de prêts des banques américaines; présence de 2 900 sociétés des Etats-Unis; importations de 17 milliards de dollars de marchandises américaines en 1981. *La faillite du Mexique était une affaire intérieure américaine, en même temps qu'une menace pour le système international de crédit.* L'ampleur du danger a amené les banques créditrices à accepter un ré-aménagement de la dette mexicaine, sous la pression du Fonds monétaire international et de la Banque centrale des Etats-Unis.

En contrepartie, des mesures d'austérité ont été prises par les dirigeants mexicains. Baisse des salaires réels (salaires monétaires «déflatés» de la hausse des prix), de 30 %; réduction des dépenses

24. Cf. «World Financial Markets», bulletin de la Morgan Guaranty Trust Company of New York, janvier 1979.

25. Sur l'origine du Fonds monétaire international et l'évolution de son rôle après la deuxième guerre mondiale, quelques indications sont données par P. Arnaud dans *La dette du Tiers Monde*, o.c.

26. Les dettes bancaires les plus importantes sont celles de cinq pays latino-américains, le Brésil et le Mexique devançant largement le Venezuela, l'Argentine et le Chili.

gouvernementales de 13 %; dévaluation de la monnaie nationale, le peso, de 76 %, par rapport au dollar. Aussi les importations ont-elles baissé de moitié, et la balance commerciale a-t-elle été excédentaire de 5 milliards de dollars en 1983. Le Mexique, redevenu capable de payer les intérêts de sa dette, a été cité en exemple par les dirigeants du FMI et de l'Administration Reagan. Quel que soit le ré-échelonnement de la dette, le règlement des intérêts est un critère de crédibilité des emprunteurs («a criterion of credit worthiness»)[27].

Après l'alerte mexicaine, la pratique de la re-négociation des dettes bancaires, déjà mise en œuvre précédemment, a changé d'échelle[28]. Comme si une sorte de *New Deal» financier international* s'était instauré en 1982, entre banques créditrices, pays endettés et Fonds monétaire international, empêchant les tensions financières de dégénérer en crise de paiements internationaux. Il reflèterait au plan de la finance la nouvelle place des «PVD» dans l'accumulation capitaliste internationale, comme lieux de mise en valeur du capital[29]. *La solvabilité de ces pays serait alors un enjeu stratégique de la reproduction du capital financier à l'échelle mondiale.*

Cependant les compromis, particulièrement importants et nombreux de 1982 à 1984, ne suppriment pas les contradictions, comme l'indique le cas du Mexique considéré comme exemplaire. «Will Mexico do it?» (Le Mexique s'en sortira-t-il?), demande l'hebdomadaire américain *Business Week*[30]. Le surplus d'exportation permettant de payer les intérêts de la dette extérieure a été obtenu au prix d'une compression des salaires qui s'est faite sans explosion sociale, grâce à l'autorité du parti au pouvoir et des syndicats gouvernementaux. Admettons que cet état de fait puisse durer. Mais comment augmenter les exportations si les Etats-Unis restreignent certaines de leurs importations en provenance du Mexique, pour protéger leur production intérieure de ciment, cuir, acier, etc.? Une politique américaine de libre échange peut résoudre cette question. Mais si elle va de pair avec la liberté de mouvement des capitaux, un nouveau problème se pose. Les exportateurs mexicains préfèrent laisser leurs gains à l'étranger, libellés en dollars, au lieu de les rapatrier. Ils participent à «la grève des investissements» qui a suivi la nationalisation des banques mexicaines, et qui se traduit notamment par une exportation de capitaux. Autrement dit, l'effort de rigueur

27. Conformément à l'analyse présentée plus haut dans ce chapitre.
28. Cf. P. Arnaud, o.c., pp. 80-81.
29. Voir notamment les travaux de G. de Bernis, Ch. Palloix, A. Lipietz.
30. N° du 1er octobre 1984.

139

et l'énorme pression sur les salariés n'ont pas désarmé la méfiance des possédants. Or, la fuite des capitaux peut entraver l'effet positif du surplus commercial et rendre le Mexique difficilement solvable. Elle aggrave la faiblesse du peso par rapport au dollar, monnaie en laquelle est libellée la dette extérieure. Elle entretient le niveau élevé du taux d'intérêt américain. *Ainsi la solvabilité du Mexique est-elle mise en cause par les financiers qui la réclament tout en renforçant la domination du dollar américain.*

Une des limites d'un New Deal financier international tient à ce rôle dominant du dollar, qui entretient la suprématie américaine sur laquelle il est fondé. La liberté de mouvement du capital-argent, qui se reflète sur le marché financier mondial, engendre une centralisation financière privée qui peut s'accommoder de la centralisation monétaire opérée par le dollar. Mais celle-ci affecte la capacité de paiement des pays endettés, rendus particulièrement vulnérables par la conjoncture de crise.

Serait-il possible de diversifier les monnaies en lesquelles sont libellés les emprunts[31] ? A la fin des années 1970 il était beaucoup question d'un «compte de substitution», qui aurait donné au mark et au yen un rôle international voisin de celui du dollar. Mais aucun accord officiel n'est intervenu. Quant à l'usage d'une monnaie européenne comme l'Ecu, il est encore trop restreint pour assurer une relève autre que partielle[32].

Ainsi les limites *économiques* d'un New Deal financier sont-elles aussi *monétaires*. Ce que méconnaît la conception orthodoxe de l'offre et de la demande de «capital réel», qui analyse le crédit au Tiers-Monde comme un transfert d'épargne des pays capitalistes développés vers les investissements des pays en voie de développement. Le crédit comme prêt de capital-argent a des conditions monétaires qui affectent ses modalités. Quant à la conception keynésienne selon laquelle l'investissement engendre l'épargne nécessaire à son propre financement[33], elle suppose l'unité d'un seul circuit capitaliste, abstraction faite du fractionnement réel en pays inégalement développés.

Les organismes internationaux qui représentent une ébauche de décentralisation publique, sans laquelle il ne peut y avoir de compromis, ont eux-mêmes une image ambiguë. Le Fonds monétaire inter-

31. Cf. «Currency diversification for LDC external debt», *World Financial Markets,* n⁰ d'août 1984.
32. Les difficultés d'une réforme monétaire internationale sont analysées ci-dessus dans le chapitre III.
33. Cf. plus haut, chapitre IV, I, 1).

national joue le rôle d'un gendarme de la finance mondiale. Il n'apporte un soutien financier (restreint), et ne donne sa caution, qu'aux débiteurs en difficulté qui s'engagent dans des politiques intérieures susceptibles de déboucher au moins sur le paiement des intérêts de la dette extérieure. Quand les mesures d'austérité suscitent des «révoltes de la faim», les manifestants s'en prennent au FMI. Et pourtant une partie des dirigeants conservateurs américains trouvent que le FMI se comporte parfois trop comme une banque publique procurant des liquidités à des pays insolvables. Ils souhaitent que cet organisme s'en tienne à son rôle de surveillance. Certains proposent une limitation de l'accès des pays membres aux crédits du Fonds, et s'opposent à une nouvelle augmentation des actifs de réserve (droits de tirage spéciaux créés en 1970). Quoique restreint et subordonné à la domination des Etats-Unis, le rôle modérateur joué par le FMI dans les négociations entre banques créancières et pays endettés est mal toléré par les conservateurs nourris de l'idéologie des marchés autorégulés.

Un autre organisme, tout aussi occidental que le FMI, mais ayant un rôle différent à jouer, *la Banque mondiale*, a été bien davantage contesté. Ses prêts à long terme et à taux réduits aux pays les plus pauvres sont, selon l'Administration Reagan, une aide à des régimes définis comme «state-dominated systems» (économies dominées par l'Etat), donc *hors-marché*. Aussi la contribution américaine à la Banque mondiale a-t-elle été limitée en 1984. Les conservateurs préféreraient une aide bilatérale, d'un pays à un autre, et un apport d'investissements privés[34]. Traduction, au plan international, de la mise en cause intérieure de «l'Etat-Providence». La Banque mondiale a beau faire partie du dispositif financier occidental, elle agit selon des critères qui ne répondent pas directement au principe de la libre entreprise. Son caractère d'organisme public international semble mettre en cause la régulation par le marché.

La seule centralisation publique tolérée (jusqu'à la fin de 1985) semble alors être celle qui se fait directement sous l'égide des Etats-Unis. La dette publique américaine, qui dépasse largement 1 000 milliards de dollars, est en partie financée par les souscripteurs étrangers de bons du Trésor américain. Le déficit de la balance des paiements draine des fonds de tous les pays : «l'économie la plus grande et la plus riche du monde risque de devenir emprunteuse nette à l'échelle interna-

---

34. Cf. *Business Week*, 1er octobre 1984, pp. 16-17. Des réformes proposées par les Etats-Unis (dites «Plan Baker», selon le nom du secrétaire d'Etat au Trésor), lors de l'assemblée du FMI à Séoul, en octobre 1985, sont encore à venir.

tionale, et peut-être, si les statistiques sont correctes, le plus grand emprunteur», dit le président de la Banque centrale américaine[35]. Tant que le dollar est la monnaie internationale, les Etats-Unis conservent le privilège du seigneuriage, qui élimine le problème de leur solvabilité financière[36]. De sorte que leur endettement extérieur n'est pas comparable à celui des autres pays. Il exerce *un effet de centralisation financière «privée»* (ici *«nationale»*) *qui se présente comme une centralisation publique internationale.* L'esquisse d'un «New Deal financier», qui s'est faite à chaud en 1982, risque, dans ces conditions, de rester à l'état d'ébauche. *En outre, au plan financier, on a l'inverse du New Deal de Roosevelt (jusqu'en 1937), qui comportait des mesures de redistribution en faveur des ouvriers. Ici, par le jeu de la pression de la dette, un transfert se fait des «pays en voie de développement» vers les pays occidentaux développés. Le «New Deal» (la «nouvelle donne») financier ne désigne donc que le ré-aménagement négocié de la dette pour éviter un effondrement financier international.*

L'image néo-classique d'un marché international des capitaux, instable mais efficace, ou celle (héritée de Keynes) d'un système de crédit inducteur d'investissement productifs, ne reflètent ni l'une ni l'autre la réalité des contradictions du capital financier. L'histoire des conjonctures économiques renvoie bien, en dernière analyse, à l'exploitation comme source unique de revenus capitalisables, ce qui fait que *le poids des crises doit être reporté sur «le facteur travail».* Mais les formes de mise en valeur du capital-argent, à l'échelle mondiale, reflètent aussi les inégalités du développement des nations. Même sous l'emprise du néo-libéralisme, lié à l'extension du marché financier international, la politique économique ne cessera pas de subir le contre-coup des effets politiques «tout court» qu'elle induit (y compris les conflits de la faim et de la dépendance).

35. Déclaration en date du 7 février 1984.
36. Cf. chapitre III.

Chapitre V

QUELQUES REMARQUES
SUR LA POLITIQUE ÉCONOMIQUE

En récapitulant ce qui a été dit dans les chapitres précédents, il est possible de parler d'un éclatement de la politique économique telle qu'elle était conçue dans les années 1950. Mais non d'une disparition de l'intervention économique de l'Etat, bien que les nouveaux contours en soient difficiles à cerner.

L'idée d'une *régulation de l'économie par le marché* comporte, on l'a vu, des contradictions qui font douter de sa réalité. La conception orthodoxe repose sur l'analyse des comportements d'agents économiques privés qui cherchent à «maximiser» leur consommation au moyen de leurs transactions marchandes. Incapable de prendre en compte l'activité des entreprises comme lieux de mise en valeur du capital, elle méconnaît le rôle du travail et celui de l'argent. Elle ne peut comprendre la crise comme aspect «endogène» de l'accumulation. Le rôle économique *réel* des marchés comme lieux de circulation du capital, est *confondu* avec leur caractère régulateur de l'activité économique.

Il en résulte une méconnaissance du caractère de l'intervention économique de l'Etat, considérée comme une atteinte à l'autorégulation des marchés (et donc de l'économie). Les orientations idéologiques sont claires («moins d'Etat, plus de marché»), mais elles ne s'appuient pas sur une analyse de la politique économique du passé et du présent. On le constate en examinant la «politique industrielle», et «la politique monétaire et financière», qui sont discutées dans le contexte des mesures de «déréglementation» et de «dénationalisation» déjà évoquées plus haut[1].

1. «Déréglementation» et «dénationalisation»

Depuis la fin des années 1970, aux Etats-Unis et en Grande-Bretagne surtout, une des formes les plus spectaculaires de l'intervention étatique consiste à effacer certaines traces de son propre passé, en particulier celles du «New Deal» américain des années 1930 et de la politique travailliste qui a suivi la seconde guerre mondiale en Grande-Bretagne. Finance et communications, tout ce qui circule au plan national et international, ont été les premières touchées.

«Déréglementation» des transports aériens, démantèlement de ATT (American Telephon and Telegraph), aux Etats-Unis. Vente d'une partie du capital des sociétés nationales «British Aerospace» et «British Telecom» à des actionnaires privés, en Grande-Bretagne. Allègement ou suppression de mesures de contrôle des banques et des institutions financières. Sur la ligne imaginaire qui va du libéralisme total au dirigisme, un déplacement se produit, qui met en cause certaines formes d'intervention de l'Etat national.

Retour au passé? Au milieu du XIXe siècle, la première des nations modernes, la Grande-Bretagne, avait démantelé les restes de protectionnisme mercantiliste qui gênaient son activité internationale. Ce qui est aujourd'hui fascinant, *c'est l'idée du caractère en partie réversible, au plan économique, de faits qui semblaient historiquement irréversibles.* Ainsi quand l'économiste orthodoxe M. Friedman recommande l'interdiction légale du déficit budgétaire, et la suppression de tous les obstacles légaux à la flexibilité de la main-d'œuvre (notamment le «salaire minimum»), il n'est pas ridicule! Le temps de l'économie n'est donc pas celui de l'histoire. L'adaptation à la crise contemporaine des règles de l'intervention étatique peut se faire sous la forme d'un «retour en arrière».

Cependant sa particularité, au début des années 1980, tient à son caractère *massif, systématique, comme expression d'une politique d'ensemble.* Jusque-là, après la reconstruction ayant suivi la seconde guerre mondiale, se poursuivait un désengagement progressif de l'Etat[2] qui ne mettait pas directement en cause le «com-

1. Chapitre I, p. 26 et chapitre II, p. 50.
2. Cf. S. de Brunhoff, *Capitalisme financier public*, SEDES, Paris, 1965 et l'ouvrage *Planification et société*, PUG (Grenoble), 1974.

promis social». Il n'en va plus de même avec la politique néo-libérale. «Déréglementation» et «dénationalisations» sont inséparables d'un démantèlement de la classe ouvrière organisée en syndicats indépendants. Affaiblie par la «délocalisation» industrielle internationale, et la dépréciation relative du facteur travail, la classe ouvrière subit aussi la mise en cause du principe de l'Etat-Providence.

La «dérégulation étatique» des économies nationales est souvent interprétée comme l'expression d'un dépérissement relatif des Etats nationaux, sous l'effet de la nouvelle économie mondiale. La gestion de la crise ne pourrait plus se faire avec les moyens de la politique keynésienne, qui opérait dans un cadre national. Cependant, cette thèse méconnaît l'importance de la *centralisation de fait* qui s'effectue sous l'égide des Etats-Unis, et dont le rôle financier du dollar «fort» a été une expression au début des années 1980. *Sans elle, l'explosion de mesures «libre-échangistes» n'aurait pu se produire*! Le capital a besoin d'un environnement institutionnel, qui ne découle pas naturellement des marchés internationaux. La centralisation économique privée requiert une centralisation politique. On a vu que celle-ci fait défaut, même sous la forme d'une «multipolarité» de zones groupées autour des Etats les plus puissants. Quant à l'hégémonie des Etats-Unis, qui tient lieu de centralisation politique internationale, elle est grevée de contradictions *du point de vue de sa propre logique*. Si le dollar «fort», qui accentue la crise des industries américaines traditionnelles, freine aussi l'expansion des nouvelles activités, s'il finance l'énorme déficit budgétaire de l'Etat américain, alors qu'il est censé tirer sa force de l'épargne internationale qu'il attire, il gêne l'allocation rationnelle des ressources qui, selon la théorie orthodoxe, dépend des agents économiques *privés*. Les discussions sur «la politique industrielle» sont un écho de ce problème, ainsi que celles qui concernent le financement du déficit budgétaire et la politique monétaire et les mesures prises à la fin de 1985 pour faire pression à la baisse du dollar, en rupture partielle avec l'indifférence (le «benign neglect») des Etats-Unis quant au niveau du taux de change du dollar. «Déréglementations» et «dénationalisations», présentées comme des solutions libérales, ne résolvent rien.

2. La politique industrielle

Keynes, on l'a vu[3], préconisait une action de l'Etat sur le seul *volume* des investissements, dont par contre la *distribution* devait

3. Cf. plus haut, chapitre I.

relever des décisions privées des entrepreneurs. Il ne préconisait nullement une «politique industrielle», dont la définition risquait de susciter des affrontements sur les critères de choix des investissements. C'est pourquoi, mi-sérieusement, mi-ironiquement, il accordait une place privilégiée *aux dépenses militaires publiques,* susceptibles d'être acceptées par tous. Celles-ci sont en effet admises par les économistes orthodoxes, comme satisfaction d'un besoin social de sécurité qui relève du rôle traditionnel de l'Etat garant de l'intégrité du pays. Quant aux entreprises bénéficiaires de commandes militaires, elles n'ont aucune raison de renoncer à des marchés dont la finalité politique et sociale leur importe peu.

Il semble alors que la question de la «politique industrielle» soit non seulement postérieure, mais relativement extérieure à celle de la politique économique keynésienne, car elle n'a de sens que par rapport à des critères de sélection des investissements, ce que Keynes voulait justement éviter de discuter! On le voit par exemple dans la façon dont le débat est conduit par la revue américaine *Business Week*[4].

Un rappel historique montre d'abord que l'Etat américain est *toujours intervenu,* au XIXe siècle, pour le développement des infrastructures (chemins de fer, canaux), et la protection des industries nouvelles contre la concurrence étrangère; au XXe siècle aussi, sous de multiples formes, même en faisant abstraction des mesures du «New Deal» dans les années 1930. Au début des années 1980, selon *Business Week,* la question porte non seulement sur le degré d'intervention de l'Etat, mais sur ses modalités et son impact. *Problème d'apparence «keynésienne», mais de contenu «orthodoxe».* C'est ici, par rapport *au marché* (et non à l'emploi), qu'une «politique industrielle» a un sens, qu'on en admette ou qu'on en refuse le principe.

Que choisir? Aider les industries de pointe? Moderniser les industries anciennes (textile, sidérurgie)? Aider toutes les industries mais en privilégier certaines (haute technologie, infrastructure)? Pratiquer une programmation globale? Constituer une banque d'investissement chargée de répartir les fonds nécessaires[5]?

Toute cette gamme d'intervention de politique industrielle peut être *refusée*: «Let the market work». Laissez faire le marché. Quand l'Etat s'en mêle, il y a une mauvaise allocation des investissements. Ainsi l'industrie sidérurgique est aidée alors qu'elle n'est pas «compé-

4. Numéro du 4 juillet 1983.
5. Ce dernier moyen, préconisé en France notamment par F. Bloch-Laîné, n'a jamais été retenu par aucun gouvernement.

titive» au plan international. Les politiques industrielles suscitent les erreurs que sont le développement de l'énergie nucléaire aux Etats-Unis, ou la fabrication de l'avion franco-anglais Concorde. On peut selon *Business Week* leur opposer un exemple réussi de substitution de nouvelles activités aux anciennes, dans la région de la Nouvelle-Angleterre (côte Est des Etats-Unis).

L'industrie y avait subi une forte régression, dès après la deuxième guerre mondiale. L'émigration interne (vers la «Sunbelt»), et le transfert d'usines en Asie, ont entraîné la perte de la moitié des emplois dans le textile, la chaussure, le papier. Mais au début des années 1980 de nouvelles activités se sont développées, dues à l'initiative *privée*. L'incitation publique a pris la forme d'une faible fiscalité locale, faisant de la région une sorte de zone franche, et celle de commandes militaires. Les salaires des travailleurs, dont l'activité syndicale a été brisée, sont d'environ 10 % inférieurs à la moyenne nationale américaine. La réussite des entrepreneurs s'est passée de «politique industrielle», sinon d'intervention de l'Etat.

Quand par contre le principe d'une politique industrielle est accepté, dans le dossier de *Business Week,* c'est en référence à l'exemple japonais. Le gouvernement du Japon utilise subventions, incitations fiscales, aides à l'exportation, protectionnisme, manipulation du taux de change du yen, pour entretenir une croissance tirée par le commerce extérieur. *Le critère de sa politique industrielle est la réussite sur le marché international,* dont l'Etat respecte les impératifs. De sorte que le «oui» à la politique industrielle relève ici de la même logique que le «non», celle du respect du marché. L'un n'est pas plus «social» que l'autre. Dans les deux cas, le niveau de l'emploi et celui des salaires nominaux sont un résultat, non un objectif.

Dans cette perspective, la «désindustrialisation» relative des pays capitalistes développés[6] est conçue comme un procès de sélection naturelle, qui prépare l'avènement de nouvelles activités. La crise industrielle nationale apparaît comme la forme que prend la restructuration économique. La discussion sur la politique industrielle ne concerne alors que la meilleure combinaison possible entre initiative privée, déterminante, et intervention publique d'appoint. La politique sociale dominée par le «réaménagement» des «relations industrielles», est laminée.

6. Cf. Barry Bluestone et Bennett Harrison, *The deindustrialization of America,* Basic Books, New York, 1982. Cependant les Etats-Unis en 1985 cherchent les moyens d'une nouvelle croissance, pourvu que celle-ci soit «tirée» par le Japon et l'Allemagne fédérale. Cf. *World Financial Markets,* décembre 1985, «Countering World deflation».

3. Politiques financière et monétaire

a/ Le déficit budgétaire. — Contrairement à la tradition keynésienne, la politique néo-libérale a pour objectif l'équilibre des finances publiques, dont le déficit lui semble dangereux : comme source de pression sur la demande globale il risque d'avoir un effet inflationniste; comme détournement de ressources financières par l'Etat il risque de nuire à l'initiative privée. Or, sous l'effet de la crise économique, partout les déficits publics ont atteint un niveau élevé en proportion du produit national[7]. Et la baisse des recettes fiscales, due à la conjoncture, et à une réduction délibérée des impôts des entreprises, aux Etats-Unis, n'a pas été compensée par la diminution des dépenses[8]. *Paradoxe de la politique néo-libérale américaine qui s'accompagne d'un déficit budgétaire à la Keynes.*

La crainte d'un effet inflationniste direct du déficit a été démentie par les faits. Non seulement en période de dépression et de faiblesse de la demande privée, mais pendant la reprise, aux Etats-Unis, la «désinflation» s'est poursuivie, malgré la persistance d'un énorme déficit budgétaire. D'autre part, les comparaisons internationales ne montrent aucune corrélation entre l'importance du déficit et le taux de hausse des prix[9], dans les divers pays capitalistes développés. Aussi la critique néo-libérale concerne-t-elle surtout le risque de détournement des ressources financières par l'Etat, au détriment des investissements du secteur privé, prenant ainsi le contrepied de l'analyse keynésienne.

Elle considère que le financement du déficit public par emprunt auprès des agents non-bancaires absorbe l'épargne privée qui autrement irait aux entrepreneurs. Il se produit ainsi un «effet d'éviction» («crowding out effect»)[10], les emprunteurs privés étant évincés par l'Etat. Le volume global de l'épargne disponible étant considéré comme donné, le *niveau* du produit global réel n'augmente pas : il n'y a pas d'effet d'entraînement de l'activité économique qui serait stimulée par la dépense publique. Quant à la *composition* du

---

7. Tableau I, p. 149. Et voir plus haut, chapitre II, p. 55.

8. Le tableau II, p. 149, montre les propositions faites par la revue *Business Week* pour réduire les dépenses publiques et donc le déficit budgétaire.

9. Ainsi le tableau I, p. 149, montre que la RFA en 1982 a eu un déficit budgétaire aussi élevé que celui de la France, en pourcentage du PNB. Or on sait que le taux de hausse des prix y est moindre.

10. Une présentation pédagogique en est faite par P. Llau, dans «L'effet d'éviction financier», *Cahiers du Cernea*, Nanterre-Paris, juin 1985. Cf. aussi plus haut, chapitre II, p. 51.

TABLEAU I

Soldes budgétaires en % du PNB / PIB

Année 1982

Etats-Unis	− 3,8	Italie	− 11,9
Japon	− 4,1	Royaume-Uni	− 2
RFA	− 3,5	Canada	− 5,3
France	− 3,6		

(le signe moins indique le déficit)

Source : J.-C. Chouragui, revue *Banque,* juillet-août 1984, «Déficit budgétaire, croissance monétaire et éviction financière».

PIB : Produit intérieur brut : ensemble des ressources en biens et services produits pendant l'année par les agents économiques nationaux.

PNB : PIB + services à l'intérieur des non nationaux + services à l'extérieur des agents nationaux.

TABLEAU II

Comment économiser 100 milliards de dollars aux Etats-Unis (Business Week, 26 mars 1984) pour *réduire* le déficit budgétaire

Dépenses publiques (diminutions proposées) :

− 25 milliards pour les personnes âgées (désindexation des pensions, économie sur les soins médicaux)

− 30 milliards de dépenses militaires (notamment ralentir le programme «guerre des étoiles»)

− 2,5 milliards d'économies sur les pauvres et les handicapés

− 5 milliards de réduction du fonds de soutien aux agriculteurs

− 20 milliards de subvention aux Etats et villes (aide aux chômeurs, environnement, transports, éducation)

− 17,5 milliards pour les employés du secteur public (diminution des effectifs, réduction des pensions).

produit, elle se modifie, à moins que les dépenses *publiques* et *privées* d'investissement ne soient parfaitement substituables entre elles, ce qui n'est pas admis par la conception orthodoxe; on a vu, à propos de la politique industrielle, combien est redouté l'effet d'une intervention publique sur l'allocation des ressources. *Inefficace* en ce qui concerne la conjoncture, la déficit budgétaire est *«inefficient»* quand les structures sont en cause.

Cette analyse orthodoxe de l'effet du déficit budgétaire repose sur une conception d'ensemble, selon laquelle le financement de l'investissement dépend d'une épargne préalable dont le volume est donné. Conception combattue par Keynes et Kalecki, qui en ont montré la fausseté. On a vu qu'elle méconnaît la nature du crédit et la dynamique du capital financier[11]. Appliquée à la politique financière, dans le cas de l'énorme déficit budgétaire américain, elle sert à *dissimuler, sous l'idée de «l'effet d'éviction», la réalité de l'effet de centralisation* exercé par la domination des Etats-Unis.

Avant de développer ce point, qui met en cause la politique *monétaire,* il faut préciser que dans les faits on n'a pas constaté de rationnement (éviction) du secteur privé américain par un détournement de l'épargne vers l'Etat. Sous l'effet de la récession économique, les emprunts des entreprises et des ménages ont baissé de 1979 à 1982, *avant* l'augmentation massive du déficit fédéral[12]. En outre, cette augmentation a été en partie imputable, du côté des recettes, aux réductions d'impôts décidées par l'Administration Reagan en faveur des agents économiques privés. Du côté des dépenses publiques, celles de l'intérêt de la dette ont atteint 85 milliards de dollars en 1982 : charge incompressible, selon l'analyse générale du crédit faite précédemment[13]. Or le paiement des intérêts est lui-même un flux financier qui alimente une nouvelle offre de crédit[14]. Rien, dans l'examen des faits, ne montre qu'«émane du secteur privé une demande de fonds prêtables non satisfaits», et ne permet de vérifier ainsi l'existence de l'effet d'éviction, selon l'expression de P. Llau[15].

Il faut alors *distinguer* de l'effet d'éviction du privé par le public, dont l'existence est douteuse et la justification théorique peu probante, l'influence que peut avoir sur le maintien de taux d'intérêt élevés l'ampleur du déficit budgétaire américain. La *confusion* des deux ne serait possible qu'à deux conditions : la première étant l'imputation aux *seules* finances publiques du niveau élevé des taux américains; la seconde étant l'attribution à la cherté du crédit de *l'asphyxie des entreprises.* Or, aucune de ces deux conditions n'est

11. Cf. plus haut, chapitre IV, I.

12. Déficit qui a augmenté de 59,6 milliards de dollars en 1980 à 110,7 % en 1982. Chiffres indiqués par V. Coudert, «Le budget américain : les raisons du déficit», document de travail, CEPII, février 1984, p. 2. Voir plus haut chapitre I, p. 28.

13. Cf. plus haut, chapitre IV.

14. Les économistes orthodoxes considèrent plus l'emprunt d'Etat comme un impôt différé que comme une source de revenus financiers immédiats, c'est-à-dire de droits sur le surplus courant.

15. P. Llau, o.c., p. 54.

réalisée. On a vu[16] que la demande de crédit des entreprises dépend du niveau des profits qu'elles escomptent, et que le taux de marché de l'intérêt reflète les rapports de force entre financiers et entrepreneurs. *Le seul effet d'éviction qui se produit est intérieur au secteur privé lui-même,* comme élimination des faibles par les forts ou expropriation du capital par le capital. Quant à la première condition, elle n'est pas non plus réalisée : même s'il y a corrélation entre le fort déficit budgétaire américain et le niveau élevé des taux d'intérêt, d'autres facteurs sont en jeu, principalement la politique monétaire de la Banque centrale des Etats-Unis.

b/ *La politique monétaire restrictive* menée par le Système fédéral américain, entre 1979 et 1982, a eu des effets indirects, mais certains, sur la hausse du taux d'intérêt monétaire[17]. Le contrôle des réserves bancaires avait pour objectif une croissance stable et limitée de la masse monétaire. Action d'inspiration monétariste sur le volume de l'offre de monnaie, dont l'excès par rapport à la demande serait à l'origine des déséquilibres inflationnistes[18]. Cette politique a été accusée d'être à la fois inefficace par rapport à ses propres objectifs (comme en témoigne l'instabilité des taux d'intérêt et des taux de change), et dangereuse, le renchérissement du crédit ayant un effet dépressif sur la conjoncture. Cette question ayant déjà été discutée précédemment, rappelons seulement que la politique monétariste n'a pas davantage *engendré* la crise que la politique économique keynésienne n'avait été *la cause* de la croissance postérieure à la deuxième guerre mondiale.

Sans doute y a-t-il une certaine *asymétrie* entre l'effet du crédit abondant et bon marché, et celui du crédit rare et cher. Keynes pensait[19] que la politique monétaire de taux d'intérêt peu élevés n'avait guère de chances de susciter une reprise des investissements. Par contre, comme l'avait indiqué Marx[20], une réduction drastique de l'offre de monnaie par la Banque centrale peut, en cas de crise, précipiter un effondrement général des paiements. La politique monétaire restrictive aurait ainsi plus d'influence sur la conjoncture que la politique monétaire d'expansion, la Banque centrale cessant, dans le premier cas, de jouer son rôle de prêteur en dernière instance. Mais malgré cette asymétrie, l'une et l'autre politiques dépendent du contexte où elles interviennent.

16. Cf. plus haut, chapitre IV.
17. Cf. chapitres III et IV.
18. Cf. chapitres I et III.
19. *Théorie générale...*, o.c., pp. 179 et 329-330.
20. *Le capital*, livre I, tome 1, p. 128.

En surestimant le rôle de la politique restrictive de la Banque centrale américaine, les critiques des théoriciens monétaristes risquent donc d'être en partie victimes des thèmes qu'ils combattent. Ils attribuent aux variations de l'offre de monnaie un rôle «exogène» perturbateur qu'en réalité elles n'ont pas. Si, comme on l'a vu, *l'inflation* n'a pas pour *origine* une mauvaise politique monétaire, contrairement aux allégations monétaristes, il en va de même pour la *«déflation»*. Aussi le rôle de la politique monétaire doit-il être apprécié autrement, comme forme particulière de l'intervention de l'Etat.

La politique économique est une combinaison de pratiques différentes, appelées politique financière, politique industrielle, «Welfare State», politique monétaire [21]. Ses éléments «keynésiens» n'ont pas disparu, comme on l'a vu dans le cas du déficit budgétaire, mais ils ont changé de signification. Ils ne reflètent plus une stratégie de plein-emploi et sont subordonnés à ce qui est appelé «le respect des grands équilibres financiers et monétaires». On en a vu les raisons idéologiques, qui conduisent à privilégier une sorte de *police de la monnaie,* par laquelle passeraient la discipline budgétaire de l'Etat et la pression sur les salaires. Ainsi la politique économique doit-elle être rabattue sur la politique monétaire, porteuse de nouvelles «règles du jeu» [22].

Or, la substitution d'une stratégie de la monnaie à une stratégie du plein-emploi est inspirée par une idéologie monétariste qui ne peut justement pas concevoir les conditions réelles de ce changement. Keynes, on l'a vu plus haut, disait des économistes libéraux que ceux-ci attribuaient les succès de la politique britannique de libre-échange aux vertus du laissez-faire, au lieu de comprendre qu'en réalité ce succès tenait aux particularités de la position de la Grande-Bretagne au XIXe siècle. «Mutatis mutandis», le déplacement du centre de gravité de la politique économique et l'efficacité de la politique de «déflation» menée par la Banque centrale américaine, ne reflètent pas les vertus de l'autorégulation des marchés «réels» et de la «neutralisation» de la monnaie. Elles doivent être rapportées aux «particularités» de la position des Etats-Unis, émetteurs du dollar. Celui-ci, *comme monnaie de référence,* avait été affecté au cours des années 1970, par les conflits entre monnaies nationales et par l'extension du crédit privé intérieur et international.

21. Cf. S. de Brunhoff, «Crise capitaliste et politique économique», dans *La crise de l'Etat,* éd. N. Poulantzas, PUF, 1976, pp. 143-146.
22. Cf. R. Barro et D.-B. Gordon, «A positive theory of monetary policy in a Natural Rate Model», *Journal of Political Economy,* août 1982. Le «taux naturel» («Natural Rate») dont il est question est celui du chômage.

Or l'examen des «contradictions de la monnaie»[23] a montré que la «reproduction de l'équivalent général» implique la combinaison des opérations marchandes privées *et* d'un procès de centralisation publique. Faute de quoi, l'instabilité monétaire débouche sur une crise de la monnaie. Dans la conjoncture de la fin des années 1970, le procès de centralisation a pris la forme de la politique monétaire restrictive du Système fédéral américain. En raison du statut particulier de la monnaie américaine, la «stratégie de la monnaie» est apparue comme celle du «dollar fort». Elle a, *sinon induit, du moins influencé la recomposition de la politique économique autour de la politique monétaire dans tous les autres pays.*

4. Nouvelles interventions de l'Etat

L'examen des changements de la politique économique a surtout concerné les Etats-Unis, puissance dominante, et haut-lieu de l'idéologie monétariste et orthodoxe. Or, l'Etat américain lui-même n'a pas échappé aux transformations de l'espace économique qui, sous l'effet de «l'internationalisation du capital» semblent aujourd'hui démanteler les frontières nationales. Ainsi, la «désindustrialisation» américaine résulte en partie d'un transfert des activités industrielles en des lieux plus propices à la mise en valeur des capitaux[24]. Sous l'idéologie de la régulation par le marché mondial, perce la réalité des grandes sociétés qui constituent l'espace multinational où se font les activités économiques et financières décisives. L'Etat ne conserverait une influence que sur la monnaie nationale et la politique sociale. Au problème de la politique économique, hérité de la tradition keynésienne, et posé dans le cadre d'Etat-Nations, se substituerait celui des stratégies des entreprises multinationales. Et les Etats dominés par la présence américaine seraient doublement affaiblis par une telle modification[25].

Cette interprétation permet d'expliquer en partie la fin de la politique économique sous sa forme keynésienne, mais elle méconnaît la signification du rôle économique de l'Etat. Keynes avait lui-même conservé l'image traditionnelle d'un Etat extérieur à l'économie, lorsqu'il légitimait l'action étatique sur l'Investissement.

---

23. Cf. chapitre III, IIe partie.
24. Cf. Introduction générale.
25. Voir sur ce point les analyses de N. Poulantzas, dans *La crise de l'Etat*, o.c., pp. 19 et suiv.

De ce point de vue il n'était pas en rupture avec les libéraux auxquels pourtant il s'opposait[26]. L'intervention économique de l'Etat apparaît comme celle d'un sujet politique agissant de l'extérieur sur une économie de marché, intervention fautive (selon les libéraux) ou bénéfique (selon les keynésiens). L'opposition des sujets économiques que seraient les entreprises multinationales aux Etats sujets politiques, relève de la même logique. Or, celle-ci rend inintelligibles les formes politiques que prend la concurrence sur le marché mondial, comme affrontements et compromis entre Etats. Elle ne permet pas non plus de comprendre les modalités économiques et monétaires de la domination américaine. Et elle élimine le problème de la formation d'un nouveau «consensus social».

Au cœur de la politique économique qui remplace, au début des années 1980, la défunte politique keynésienne, se trouvent la police de la monnaie et la police des salaires. Elles ne suppriment pas les autres interventions étatiques, mais elles les «surdéterminent»... «Moins d'Etat, plus de marché»? Mais le «Big Market» ne peut gérer sa propre crise sans intervention de l'Etat. Sa vérité est à l'opposé de ce qu'annonce son discours théorique.

26. Cf. S. de Brunhoff, «Crise capitaliste et politique économique», o.c. et «La critique keynésienne du «Laissez-faire» », dans *Keynes aujourd'hui : théories et politiques,* éd. A. Barrère, Economica et Macmillan, 1985.

Imprimé en France
Imprimerie des Presses Universitaires de France
73, avenue Ronsard, 41100 Vendôme
Mars 1986 — N° 31 754

PRATIQUES THÉORIQUES

Renée BALIBAR

L'institution du français
Essai sur le colinguisme
des Carolingiens à la République

Suzanne de BRUNHOFF

L'heure du marché
Critique du libéralisme

Georges CANGUILHEM, Georges LAPASSADE,
Jacques PIQUEMAL et Jacques ULMANN

**Du développement à l'évolution
au XIXᵉ siècle**

Ernst H. KANTOROWICZ

Mourir pour la patrie
et autres textes

Pierre-François MOREAU

Le récit utopique
Droit naturel et roman de l'Etat

Jean-Louis MOYNOT

Au milieu du gué
CGT, syndicalisme et démocratie de masse

Antonio NEGRI

L'anomalie sauvage
Puissance et pouvoir chez Spinoza

Gérard NOIRIEL

Longwy, Immigrés et prolétaires
1880-1980

Peter SCHÖTTLER

Naissance des Bourses du travail
Un appareil idéologique d'Etat
à la fin du XIXᵉ siècle

Edward THOMPSON et divers auteurs

L'exterminisme
Armement nucléaire et pacifisme

René ZAPATA

Luttes philosophiques en URSS
1922-1931